온라인 라이브 클래스

온라인 라이브 클래스

정강욱 & 이연임

　코로나19로 인해 급격하게 교육은 온라인 형태로 전환되고 있다. 물론 코로나 사태가 끝나도 과거 방식으로 돌아가지 않을 것이라는 걸 우리는 알고 있다. 온라인 교육이 비용 편익 면에서 장점이 많고, 교수자와 참가자들이 적응하기 시작했으며, 효과성도 개선되어 갈 수밖에 없기 때문이다. 이 책은 어떻게 온라인 교육의 효과성을 높일 수 있는지에 대한 것이다. 시의적절하고 발 빠르게 정리한 책이라 경쾌하게 읽힌다. 또 현실에서 기획하고 적용하고 검증하면서 한 땀 한 땀 정리해 낸 결과물이다. 살아있는 팁과 깨알 같은 정보는 거기에서 나온다. 나는 이 책에서 온라인 환경에서도 최대한 참가자 위주 교육을 만들어내려는 열정을 느꼈다. 정강욱 대표와 이연임 이사의 열정과 실용적 접근법, 유머도 발견할 수 있었다.

　지금은 퍼실리테이터와 교수자들이 콘텐츠만이 아니라 진행 방식과 테크놀로지 면에서도 앞서가야 하는 시대다. 엣지 있게 강의를 기획하고 이끌기를 원하는 모든 이들에게 이 책은 좋은 가이드가 될 것이다.

고현숙, 국민대 경영대 교수, 코칭경영원 대표코치

교수자들은 자신들이 특정 교수 방법에 특화되어 있으며 그 익숙한 교수 방법은 한정적이라는 고정관념을 갖는다. 또한, 많은 교육 담당자가 오프라인 강의식 전달이 최적이며, 그 밖의 전달체제는 적합하지 않거나, 심지어는 열등한 것이거나, 한시적 유행으로 사라지리라 생각하곤 한다. 그래서 새로운 교육 혁신을 수용하는 도중 어려운 상황에 맞닥뜨리면 더 나은 방법을 찾아보려는 시도를 감내하기보다는 우리 교육/연수 기관이 제공할 수 있는 교수 방법은 여기까지라고 잘못 판단한다. 무언가를 배우거나 새로운 시도를 할 때, 우리 뇌의 신경 경로는 새롭게 만들어지거나 강화된다고 한다. 그러므로 교수자와 교육 담당자는 무한한 성장의 가능성을 믿어야 한다.

이 책은 온라인 라이브 교육과정 설계의 원리, 방법, 사례를 종합적으로 다루고 있으며, 설계 프로세스 노하우를 구체적으로 제시한다. 교수설계와 강의 현장에 실질적인 도움이 될 것이라는 기대를 하게 한다. 교육담당자의 일상 업무에 활용할 수 있는 실전용 가이드를 제공하는 것은 효과적, 효율적, 매력적인 처방을 제시할 것이다.

서순식, 춘천교육대학교 교수

2020년, 강사와 교육자들은 온라인 강의 환경을 학습의 최전선에서 겪어내야만 했습니다. 리얼워크는 온라인 학습 환경과 학습 방법을 치열하게 고민하고 공부하면서 학습자 경험과 교육 과정 설계가 중요하다는 점을 잊지 않고 프로그램에 녹여내는 전문성과 진정성을 갖고 있습니다.

정강욱 대표님은 전작 '러닝 퍼실리테이션'에서처럼 모든 노하우를 아낌없이 공유합니다. 변화된 환경에서 기업과 학교에서 교육 관련 업무를 하시는 모든 분들이 길잡이로 삼을 수 있는 이 책을 추천합니다.

강동완 매니저, 아마존웹서비스 Education Program 담당

순식간에 바뀌어버린 기업 교육의 판도, 그 안에서 1분이 1시간 같은 온라인 라이브 강의를 제대로 하기위해 어떤 맥락과 콘텐츠, 방식이 적절할지 고민하며 수많은 질문을 던져왔다. 그리고 그 누구도 리얼워크만큼 이 질문에 답을 채워 준 적은 없었다.

리얼워크가 온몸으로 먼저 경험한 내용을 담아낸 이 책은, 같은 고민을 하며 혼란스러운 Post Pandemic 세상을 여행하는 교육 담당자들에게 아주 친절하고 다정한 안내서가 되어줄 것이다.

곽지혜 매니저, SK아카데미 러닝센터

코로나 이후에도 기업교육에서 온라인 라이브 클래스는 계속 활용될 것이라 생각합니다. 연수원이라는 한정된 공간에 참가자를 어렵게 끌어모으지 않아도 노트북이나 스마트폰만 있으면 언제 어디서나 학습이 가능한 상황이 누구에게나 익숙해지고 있습니다. 정강욱 대표와 이연임 이사는 온라인 라이브 클래스 운영 노하우를 이론과 실전 경험을 잘 버무려 아낌없이 전수해 주고 있습니다. 지금껏 사람, 학습, 퍼실리테이션에 대한 정 대표님의 애정과 실력은 많은 교육 담당자들에게 도움을 주어 왔습니다. 포스트 코로나 시대의 학습과 성장을 고민하고 계신 모든 분들께 정 대표님을 다시 한번 만나보시길 추천합니다.

송용직 책임, LG인화원 리더교육센터

짧은 만남으로도 귀중한 배움을 얻게 되는 경우가 있다. 계획된 우연과도 같은 선물이랄까. 한 시간 남짓의 시간을 통해 리얼워크가 전해준 다양한 온라인 강의 노하우와 경험담은, 이후 7개국, 다양한 직무의 40여 명의 group virtual facilitation을 성공적으로 이끄는 데 도움이 되어 주었다.

험한 산을 오를 때, 한발 앞선 경험자의 발자국을 따라 걸으면 안전하게 정상까지 이를 수 있다. 리얼워크의 새로운 책은 험한 온라인 환경에서 믿음직한 길라잡이가 되어줄 거라 믿는다.

이채희 매니저, Boehringer Ingelheim, Regional Sales Training manager

교육의 미래라 불리었던 '비대면 중심'의 라이브 강의가 갑작스럽게 현실로 다가왔습니다. 강사부터 기업의 교육담당자까지 일선 현장에서 모두가 혼란스러워 하는 지금입니다.

이런 시기에 접한 정강욱 대표님과 이연임 이사님의 강의는 구체적인 경험과 노하우를 바탕으로 한 매우 실용적이고 현실적인 내용이었습니다. 바로 이 내용을 담은 '온라인 라이브 클래스'는 모든 교육 종사자에게 한 줄기 '단비'이자 '바이블'이 될 것이라고 감히 자신합니다.

이승태 팀장, 기업교육전문 ㈜휴넷, Edutech LAB 에듀테크R&D2팀

그 어느 때보다 교육환경이 빠르게 변화하고 있다. 덕분에 학습자들은 손쉽게 지식에 접근할 수 있게 되었고 반대로 교수자들은 경험해 보지 못한 학습을 디자인해야 하는 난처한 상황에 빠지게 되었다. 안타깝게도 나도 난처한 사람 중 한 명이다.

당신도 그중 한 명이라면 리얼워크를 추천한다. 리얼워크와 함께 새로움을 경험하고 인사이트를 발견하고 함께 고민한다면 변화무쌍한 교육환경이 오히려 기회가 될 수 있을 것이다.

정수남 부장, CJ인재원

리얼워크의 온라인 라이브 강의를 들으면서 마치 대면 교육을 받는 것처럼 생생하게 살아 숨 쉬는 교육설계와 탁월한 기획력에 놀라지 않을 수 없었습니다. 그리고 탐구공동체인 리얼워크야말로 포스트 코로나 시대에 길을 만드는 기업이 되겠구나 하는 기대가 생겼습니다.

온라인의 다양한 도구를 활용한 쌍방향 소통을 이뤄내고 싶은 분들은 이 책을 통해 온라인 교육의 고민을 덜어내실 수 있을 거라 믿으며 저 또한 이 책을 통해 강의내용이 다시 한번 정리될 것 같은 기대감에 벌써 설레입니다.

진성희 소장, 정림건축 HR실

온라인 라이브 클래스를 대규모로 진행해야 하는 업무를 담당했을 때 강사님들도 PM인 저도 고민이 많았습니다. 기존 오프라인의 장점을 살리면서도 녹화된 이러닝과는 다른 강의를 만들어야 했기 때문이죠. 가장 중요한 것은 학습자 참여를 이끌어내는 강의였습니다.

고민 없이 참여형 수업 및 퍼실리테이션 전문가인 정강욱 대표님을 찾았고, 정강욱 대표님은 '가르친다는 개념을 바꿔 학습자가 배우게 하라'라는 교육의 철학은 물론 현장에서 바로 사용할 수 있는 온라인 라이브 강의 실전법을 제시해주셨습니다. 이 강의 이후로 거의 만점에 가까운 만족도로 온라인 라이브 강의를 진행하고 있습니다.

이런 실전 노하우를 담은 온라인 라이브 강의법이 책으로 나온다니 너무 반갑습니다. 고민하고 있는 교수자, 과정개발자/기획자들에게 생동감 있고 교육효과가 극대화되는 참여형 화상교육을 준비할 수 있는 더없이 귀중한 기회가 되리라 확신합니다.

호지은 프로, 멀티캠퍼스 개발운영그룹(HRD)

전문가란 매우 작은 영역에서 가능한 모든 실수를 범해

이제 더 이상 할 실수가 남아있지 않은 사람이다.

노벨상 수상 물리학자 닐스 보어(Niels Bohr)

한발 먼저 헤맨 사람의 기록

'19세기 교실에서 20세기 교사가 21세기 아이들을 가르치고 있다'
는 이야기를 들은 기억이 있습니다. 교육이 세상의 변화를 이끌어 갔
으면 아니 적어도 변화에 발맞춰 갔으면 하는 아쉬움을 드러낸 이야기
라고 생각합니다. 이렇게 더디게 변하던 교육이 올해 등 떠밀리듯 급변
하고 있는 것 같습니다.

"사내강사분들은 코로나19가 잠잠해지면 다시 원래대로 돌아가겠
지라고 생각하고 계실 텐데 회사 차원에서는 이미 온라인 전환과 유지
결정을 한 상태에요"

최근 수만 명의 인원이 일하는 한 대기업 팀장님이 건네준 이야기입
니다. 이뿐 아닙니다. 매해 수십억을 직원 교육에 투자했고 자체 연수
원도 보유하고 있는 모기업은 관성적으로 해오던 모든 오프라인 교육
을 제로베이스에서 재검토했습니다. 효과적인 화상강의 가이드를 제
작해 교육담당자들에게 배포한 기업연수원도 있습니다. 회사 내에 온
라인 스튜디오를 만든 회사도 있지요. 기업들은 이미 발 빠르게 태세

를 전환하고 있습니다.

대학도 변화의 대열에 올라타고 있습니다. 최근 연세대학교가 온라인 강의의 비중을 대폭 늘리고 담장을 허물어 우수 강의 콘텐츠를 해외까지 공유하겠다는 발표를 했습니다.[1]

코로나19와 무관하게 인터넷을 통한 교육혁명이 일어나고 있으며 선제적으로 대응하지 않으면 교육기관으로 생존하기 쉽지 않다고 생각했다는 총장님의 발언이 인상적이었습니다. 국내 대표적 사학인 연세대도 생존을 위한 대응을 고민하는 형국입니다.

이런 현상이 기업과 대학의 이야기만은 아닙니다. 직접 학습자들을 만나 수업을 진행해야 하는 교수자들은 더한 상황입니다. 수영도 배우지 않고 일단 수영장에 뛰어든 상황이라고 할까요? 더 큰 문제는 그 사람이 수영강사라는 것이겠지요.

시행착오가 길이 될 수 있다면

이런 커다란 변화의 소용돌이 속에선 모두가 시행착오를 겪기 마련입니다. 저희 리얼워크도 마찬가지였습니다. 그래서 어차피 헤맬 것이라면 제대로 헤매려고 했습니다. 한 치 앞을 모른다면 스스로 길이 되는 것이 가장 안전한 길이라는 현실적인 판단이 있었지요. 여기에 더해 한발 먼저 헤맨 그 길을 조금 더 편히 오시도록 안내해 드리는 것이 우

온라인 라이브 클래스 Online Live Class

리가 해야 할 일이라는 책임감도 있었고요. 리얼워크의 캐치프레이즈가 '진짜 문제를 함께 풀어가는 기업'이거든요.

하지만 가보지도 않은 길을 가본 척, 아는 척, 해본 척 설명하고 싶지는 않았습니다. 그래서 천천히 바닥을 손으로 더듬어가며 구석구석을 손전등으로 비춰가며 길을 찾아왔습니다. 손이 현장의 '체험적 노하우'라면 손전등은 이미 검증된 '이론과 모델' 이겠지요.

저희와 함께 기꺼이 헤매어 준 리얼워크의 장정열 소장님 Joseph , 신용주 소장님 Billy , 강평안 소장님 Peace , 한건수 교수님 Joshua , 한창수 교수님 Colin , 최동인 팀장님 Danny 덕분에 여기까지 걸을 수 있었고 이 책도 쓸 수 있었습니다. 참 고맙습니다.

특히 이 책의 컨셉, 제목, 목차, 디자인, 내용을 결정하는 순간마다 반짝이는 아이디어를 더해준 장정열 Joseph 소장님께 특별한 감사를 전합니다. 리얼한 온라인/오프라인 회의마다 다양한 의견들이 깔끔하게 합의될 수 있도록 '퍼실리테이션'의 진가도 보여주셔서 참 든든했습니다.

이 책을 효과적으로 이용하려면

이 책은 크게 4개의 장으로 구성되어 있습니다.

1장 "만나지 않고 만난 것처럼 배우는 온라인 라이브 클래스"에서는 온라인 라이브 러닝을 설명하는 다양한 용어와 개념을 구분하여 살펴봅니다. 특히 최적의 학습효과를 위해 오프라인 수업, 온라인 라이브 수업, 이러닝 등 다양한 교육방식을 어떻게 조합할 것인지에 대한 저희의 고민과 사례를 나누었습니다.

2장 "콘텐츠의 밀도를 높이는 온라인 라이브 교육과정설계"에서는 온라인 라이브 교육과정 설계의 원리, 방법, 사례를 종합적으로 다룹니다. 학습의 효과성을 높이는 3가지 종류의 실재감 이론에서 시작하여 5단계 설계 프로세스와 12가지 설계 노하우를 거쳐 리얼워크가 설계한 실제 설계안을 분석해볼 것입니다. 특히 이 장에 담긴 설계 프로세스와 노하우는 현장에서의 다양한 경험 이라고 쓰고 시행착오라고 읽습니다 을 성찰하고 정리하여 정립한 것입니다. 교수설계와 강의 현장에 실제적인 도움이 되길 원하는 마음으로 가감 없이 담아보았습니다.

3장 "학습자의 참여를 촉진하는 온라인 라이브 플랫폼 기능과 퍼실리테이션 스킬"에서는 온라인 라이브 환경에서 학습자들의 참여를 이끌어내는 방법을 플랫폼의 7가지 기본 기능과 엮어내어 설명합니다. 기능 사용법도 구체적으로 안내드렸지만, 무엇보다 이 기능을 어떠한 목적을 두고 어떠한 순서에 따라 활용해야 하는지, 즉 기능을 활용한 '온라인 러닝 퍼실리테이션 기법'을 다양한 실사례를 중심으로 풀어갔습니다. 바로 활용할 수 있는 다양한 꿀팁들도 틈틈이 넣었네요.

4장 "디테일이 살아있는 온라인 라이브 클래스 운영"에서는 교육 담당자분들이 업무에 바로 활용할 수 있는 실전용 가이드를 드리고 자 했습니다. 무엇보다 온라인 수업의 질을 한 단계 더 높이려면 디테 일한 교육운영이 핵심적인 요소입니다. 그래서 다음 3가지 가이드를 자세히 담아보았습니다. 교수자 Facilitator 와 함께 강의를 만들어가는 프로듀서 Producer 역할 가이드, 온라인 라이브 클래스를 위한 스튜디 오 세팅 가이드, 테크니컬 이슈를 예방하고 대응하는 트러블 슈팅 가 이드입니다.

여기까지 열심히 썼습니다. 하지만 책의 가치는 저자의 열심이 결정 하는 것이 아님을 잘 알고 있습니다. 이 책을 읽는 독자님들이 여기에 담긴 내용을 쉽게 이해하고 즉시 활용하실 수 있으면 좋겠습니다. '한 발 먼저 헤맨 사람들의 기록'인 이 책이 '온라인 라이브 환경에서 잘 배우게 하는 방법'을 찾는 교수자, HRD기획자, 과정개발자, 교육담당 자분들에게 작은 등불이 될 수 있길 진심으로 바랍니다.

2020년 8월
진짜 문제를 함께 풀어가는 기업, 리얼워크 합정 사무실에서
정강욱 Mark & 이연임 Abby

| Contents |

2장

콘텐츠의 밀도를 높이는
온라인 라이브 교육과정 설계

학습자의 참여를 촉진하는 온라인 라이브 플랫폼 기능과 퍼실리테이션 스킬

4장

디테일이 살아있는
온라인 라이브 클래스 운영

" 해보지 않고는 당신이 무엇을 "
해낼 수 있는지 알 수가 없다.

아담 프랭클린 (Adam Franklin)

1장

만나지 않고
만난 것처럼 배우는
온라인 라이브 클래스

Online Live Class

PART 01

온라인 라이브 클래스, 정말 중요합니까?

3+1 뉴노멀 트렌드 성찰

"인간을 바꾸는 방법은 세 가지뿐이다. 시간을 달리 쓰는 것, 사는 곳을 바꾸는 것, 새로운 사람을 사귀는 것, 이 세 가지 방법이 아니면 인간은 바뀌지 않는다. '새로운 결심을 하는 것'은 가장 무의미한 행위다."

일본의 경제학자이자 영국 이코노미스트가 선정한 5대 경영의 구루인 오마에 겐이치의 말입니다. 그만큼 변화를 만들어내는 것이 어렵다는 뜻일 것입니다. 그런데 '온라인 라이브 교육 비대면 실시간 강의'이라는 관점에서 본 우리나라의 교육은 정말 놀랄 만큼 급격하게 변화하고 있습니다. 오마에 겐이치의 이야기를 이렇게 바꾸고 싶어질만큼 말입니다.

"교육을 바꾸는 방법은 세 가지뿐이다. 환경이 바뀌는 것, 세대가 바뀌는 것, 기술이 바뀌는 것. 이 세 가지 방법이 아니면 교육은 바뀌지 않는다. 그리고 정책적으로 '새로운 계획을 발표하고 실행하는 것' 은 변화에 가속도를 더하는 행위다."

현재 환경과 세대와 기술의 변화가 맞물리며 거대한 교육방식의 변화를 만들어내는 하나의 지점이 바로 '온라인 라이브 클래스'입니다. 여기에 정부의 정책이 변화에 가속도를 더하고 있는 형국입니다. 우선 환경과 세대와 기술의 변화에 대해 함께 짚어보시죠.

누가 우리 회사의 디지털 혁신을 이끌고 있나요?

> > >

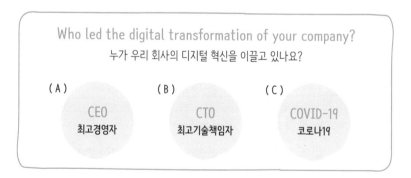

Who led the digital transformation of your company?
누가 우리 회사의 디지털 혁신을 이끌고 있나요?

(A)
CEO
최고경영자

(B)
CTO
최고기술책임자

(C)
COVID-19
코로나19

국내 S사의 Digital Transformation 담당 임원이 'COVID-19가 나보다 리더십이 고퀄'이라는 멘트와 함께 SNS에 올린 글입니다. 농담 반 진담반으로 흘릴 수 있는 이야기는 아닌 것 같습니다. 마이크로소프트의 사티아 나델라 CEO도 2020년 5월 연례 개발자 컨퍼런스에서 "2년이 걸릴 디지털 트랜스포메이션이 두 달 만에 이뤄졌다"라고 하며 COVID-19의 여파로 모든 조직은 모든 것을 원격으로 전환하는 능력을 필요로 하게 될 것이라고 말하기도 했습니다.[2]

이렇게 COVID-19라는 거대한 환경적 변화가 온라인 라이브 클래스의 문을 열어주었지만 준비된 사람과 기술이 없었다면 잠시 흘러가는 트렌드가 되었을 것입니다.

저는 오프라인에선 샤이 Shy 한데 온라인에선 강해요

> > >

A사에서 진행한 온라인 라이브 클래스에 참가한 한 학습자분이 채팅창에 남긴 글입니다. 온라인 강의를 하다보면 채팅을 통해 실시간으로 자신의 생각과 의견을 거침없이 밝히고 적극적으로 토론에 뛰어드는 학습자들을 자주 만나게 됩니다. 참가자들의 예상[?]과 달리 오프라인 강의보다 더 높은 빈도로 참여하는 이런 학습자들 덕에 꽤나 깊은 논의가 진행되는 경우가 허다합니다.

경험적으로 보자면 이렇게 '온라인에서 강한 분'들은 밀레니얼 세대 1981~1997년에 출생한 사람 와 Z세대 1997년 이후 출생한 사람 의 학습자들이 많은 것 같습니다.[3] 그래서 바로 이런 분들을 '디지털 네이티브 Digital Native '

라고 하는구나 싶고요. 저처럼 70년대에 태어난 X세대 디지털 이민자 Digital Immigrants 의 눈에는 이런 모습이 가끔은 당돌해 보이기도, 멋져 보이기도 합니다.

디지털 네이티브는 미국의 교육학자이자 미래학자인 마크 프렌스키 Marc Prensky 가 2001년 그의 논문에서 처음 사용한 용어입니다. 4 이들은 디지털에 노출된 성장 과정의 결과로 멀티태스킹에 익숙하고 스마트폰, 메시지, 메신저 등을 통한 신속한 반응을 추구하며 즉각적인 피드백에도 능숙하다고 합니다. 특히 SNS나 블로그 등 가상의 공간에서도 청중이 되기보다 주연이 되길 원하는 특성을 가지고 있습니다.

면대면의 만남보다 디지털을 활용한 커뮤니케이션이 편하고 가상의 공간에서도 적극적으로 자기 의견을 개진하는 특성을 가진 디지털 네이티브 세대에게 온라인 강의는 특별히 적응할 필요가 없는 방식 같기도 합니다. 오히려 물 만난 고기 같다고 할까요?

온라인 라이브 플랫폼의 진화

> > >

온라인 라이브 클래스가 점차 보편화될 것이라는 예측을 조심스럽게 해보는 또 하나의 이유는 온라인 라이브 플랫폼들의 기술경쟁 때문입니다.

올해 7월 9일 마이크로소프트 MS 는 기존 화상회의의 단점을 보완한 팀즈 투게더 모드 Microsoft Teams Together Mode 를 공개했습니다.[5] 기존 바둑판 모양이 아니라 아래 사진처럼 참가자들이 강당의 객석에 앉아있는 모습이지요. 이 기능을 통해서 다른 사람의 얼굴을 가릴 정도로 손을 들 수도 있고, 가상으로 악수하는 것도 가능하다고 하네요. 서로의 비언어적 행동을 잘 알아차릴 수 있는 오프라인과 유사한 모습으로 진화하고 있는 것이지요.

마이크로소프트 MS 의 팀즈 투게더 모드

이런 속도로 가다간 인공지능 AI 과 가상현실 VR 기능까지 합쳐진 온라인 라이브 플랫폼을 머지않은 미래에 사용할 수 있을 것 같기도 합니다.

굳이 미래기술까지 언급하지 않아도 우리나라는 온라인 라이브 클래스를 위해 이미 준비된 나라 같습니다. 우리나라는 '정'이 많은 초코

파이 강국이기도 하지만 '넷'이 강한 와이파이 강국이기도 하니까요.

온라인 강의를 라이브로 하려면 IT 인프라가 정말 중요합니다. 여러 사람들이 동시에 접속해서 함께 화면과 영상을 보면서 대화하는 시간이 끊김이 없이 이어져야 하기 때문입니다. 사무실뿐 아니라 카페나 심지어 지하철에서도 빵빵 터지는 인터넷망이 온라인 강의를 가능하게 만드는 힘인 것 같습니다.

Mark's TIP

Q. 온라인 라이브 플랫폼이 무엇인가요?

화상회의 Video Conference 나 온라인 라이브 클래스 Virtual Class 에 쓰이는 Zoom, Cisco Webex, MS Teams, Google Hangouts, GoToMeeting, Skype 등을 부르는 말입니다. 현재 매우 다양한 이름으로 불리고 있지요.

인터넷을 검색해보니 주로 이런 용어들의 조합으로 불리고 있네요. 이 책에서는 '온라인 라이브 클래스를 위한 다양한 기능을 제공하는 기반 서비스'라는 의미를 담아 '온라인 라이브 플랫폼'이라고 부르겠습니다.

엎친 데 덮쳐버리는 한국판 뉴딜 종합계획

>>>

앞에서 살펴본 코로나19로 인한 디지털 환경의 변화, 이 변화와 궁합이 맞는 디지털 네이티브 세대, 경쟁적인 화상회의 기술의 발전 외에도 대한민국에 '온라인 라이브 클래스'가 가속화될 것이라 예상하게 하는 또 하나의 이유는 정부의 지원정책입니다.

2020년 7월 14일 정부에서 발표한 '한국판 뉴딜 종합계획'에는 '교육 인프라 디지털 전환'이 주요한 아젠다로 담겨있습니다. 전국 초중고, 대학, 직업훈련기관의 온·오프라인 융합학습 환경 조성을 위해 디지털 인프라 기반 구축 및 교육 콘텐츠를 확충하기 위해 총 사업비 1.3조 원을 투자하겠다는 것이 요지입니다. 대한민국 정부는 2020년을 대전환의 착수기로 2021-22년을 디딤돌 마련기로 2023-25년을 대전환 착근기로 보고 집중투자를 하겠다는 의지를 밝히고 있습니다.

이제는 거스를 수 없는 거대한 흐름 속에 이미 온 미래를 살아내야 할 때가 아닌가 싶습니다.

한국판 뉴딜 종합계획에 담긴 교육 인프라 디지털 전환 플랜

교육인프라 디지털 전환

전국 초중고·대학·직업훈련기관의 온·오프라인 융합학습 환경 조성을 위해 디지털 인프라 기반 구축 및 교육 콘텐츠 확충 추진 → '25년까지 총사업비 1.3조원(국비 0.8조원) 투자, 일거리 0.9만개 창출

(1) 모든 초중고에 디지털 기반 교육 인프라 조성

• (무선망) 전국 초중고 전체 교실에 고성능 WiFi 100% 구축*
  ('20.6월) 8만실 → ('20년 추경) 누적 24만실 → ('22년) 전체 교실(38만실)

• (스마트기기) 교원 노후PC·노트북 20만대 교체, '온라인 교과서 선도학교*' 1,200개교에 교육용 태블릿PC 24만대 지원
  선도학교에서 온라인교과서 기반 수업 · 실습사례 축적 → 교수·학습모델 개발

• (온라인 플랫폼) 다양한 교육콘텐츠·빅데이터를 활용하여 맞춤형 학습 콘텐츠를 제공하는 '온라인 교육 통합플랫폼*' 구축
  공공·민간 교육 콘텐츠를 제공하고, 학습관리, 평가 등 온라인 학습 全단계 지원

(2) 전국 대학·직업훈련기관 온라인 교육 강화

• (대학온라인강의) 전국 39개 국립대 노후서버·네트워크 장비 교체 및 원격교육 지원센터* 10개, 현직·예비교원 미래교육센터** 28개 설치
  대학의 공동활용 온라인학습관리시스템(LMS) 구축, 온라인 수업 콘텐츠 제작 지원
  현직·예비교원의 온라인 강의 제작, 빅데이터 활용 교습모델 개발 역량 강화 지원

• (K-MOOC) AI · 로봇 등 4차 산업혁명 수요에 적합한 유망 강좌 개발 확대 (~'25, 2,045개(누적)), 글로벌 유명 콘텐츠 도입(年 50개)
  K-MOOC(Massive Open Online Course, 한국형 온라인 공개강좌: 평생교육 수요에 대응하여 고등교육기관의 우수강좌를 온라인으로 일반 국민에 제공

• (공공 직업훈련) 스마트 직업훈련 플랫폼(STEP)* 시스템 고도화 및 이러닝·가상 훈련(VR·AR) 콘텐츠 개발 확대(~'25, 3,040개(누적))
  STEP(Smart Training Education Platform): 온-오프라인 융합 직업훈련 종합 플랫폼

• (민간 직업훈련) 직업훈련기관 대상 온라인 훈련 전환 컨설팅 제공, 온라인 학습관리 시스템(LMS) 임대비 지원(585개소, 개소당 年 1,800만원)

PART 02

온라인 라이브 클래스, 도대체 무엇인가요?

용어와 개념 그리고 종류

원격교육에서 이러닝을 넘어 라이브까지

> > >

온라인 라이브 클래스의 용어와 개념을 설명하기에 앞서 고조할아버지뻘 되는 원격교육 Distance Education 이란 용어를 간단하게 짚고 넘어가겠습니다.

이러닝, 모바일 러닝, 독서통신교육 등 우리가 종종 경험하는 '가르치는 곳과 물리적으로 떨어진 곳에서 일어나는 교육'은 원격교육의 한 형태입니다. 비대면 교육의 특성을 가진 원격교육은 1833년 스웨덴에서 우편통신을 통한 작문 교육에서 시작되었다고 합니다. 먼 곳에서도 배울 수 있게 교육기회를 확대한 것이죠. 이후 미국, 영국, 독일 등의 나라에서 우편을 통한 성인 대상 어학교육들이 진행되었습니다.

1920년대에 이르러선 우편통신 교육이 라디오와 시청각 교재 등 방송 매체를 통한 대중 원격교육으로 발전하였고 1990년대 정보통신공학의 발전과 함께 컴퓨터, 텔레 콘퍼런스 등을 활용한 상호작용 특성이 더하여진 형태의 원격교육이 가능해졌습니다.

원격교육 Distance Education **의 발달과정**

이 책의 주제인 '온라인 라이브 클래스'도 '가르치는 곳과 물리적으로 떨어진 곳에서 일어나는 강의'라는 측면에선 매우 발전된 2020년도 버전의 원격교육이라고 볼 수 있을 것 같습니다. 그럼 지금부터 조금 더 자세히 '온라인 라이브 클래스'의 정체를 알아봅시다.

온라인 라이브 클래스를 부르는
여러 가지 이름들

> > >

"지금 우리가 하는 형태의 교육을 무엇이라고 부르나요?"

저희가 매월 Zoom으로 진행하는 '온라인 라이브 러닝퍼실리테이션 과정'에서 이런 질문을 던지곤 합니다. 차수마다 여러 가지 답변들이 쏟아지지요. 다음은 지금까지 나온 답변들입니다.

우리가 하는 형태의 교육을 부르는 말

비대면 교육, 비대면 실시간 교육, 온라인 교육, 온라인 실시간 교육, 언택트 교육,
온택트 교육, 웨비나, 웹교육, 실시간 쌍방향 원격수업, 이러닝 라이브 교육, 라방

대한민국의 교육부는 어떤 용어를 쓸까요? 2020년 4월 교육부 보도
자료를 보니 '원격수업'이란 용어를 쓰고 있습니다. 그리고 원격수업
의 형태를 3가지로 나누고 있네요. (1)실시간 쌍방향 원격수업 (2)콘텐
츠 활용 중심 원격수업 (3)과제 수행 중심 원격수업 이렇게요. 이 세 가
지 중에서 (1)번이 이 책에서 이야기하는 수업방식이겠지요.

기업에선 어떤 용어를 쓸까요? 지금까지 리얼워크에 강의를 문의한
기업과 기관들의 용어를 확인해보니 '비대면 강의', '비대면 교수법',
'온라인 강의', '온라인 화상강의' 란 용어를 주로 쓰는 것 같습니다.
최근 롯데 인재개발원에서 온라인 교육훈련 기획을 돕기 위해 사내에
배포한 자료에는 '효과적인 화상 실시간 온라인 강의를 위한 퍼실리테이션
가이드'라고 나와 있습니다.

이렇게 보면 아직까지 통일된 용어는 없는 것 같습니다. 여러 가지 개
념을 한 용어에 담아야 하고 또 영문과 국문의 미묘한 뉘앙스까지 고
려하다 보니 이런 현상이 생기는 것이 아닐까 싶기도 합니다.

저희도 여러 가지 고민 끝에 '온라인 라이브 클래스'라는 용어를 사용하기로 했습니다. 그 이유는 아래와 같습니다.

온라인과 라이브와 클래스의 의미

1) 왜 온라인인가?
만나서 하는 대면 강의(오프라인)가 아니라 만나지 않고 하는 비대면 강의(온라인)이다.

2) 왜 라이브인가?
녹화된 강의(Recorded)가 아니라 실시간(Live) 강의이다.

3) 왜 클래스인가?
학습을 혼자 하지 않고 동료들과 함께한다는 뜻에서 클래스(수업/학급)이다.

3가지 질문에 따른 3가지 종류의
온라인 라이브 클래스

> > >

온라인 라이브 클래스를 다양한 형태의 교육과 비교해본다면 그 개념을 조금 더 명확하게 이해할 수 있을 것 같습니다.

1. 강의에 물리적 만남이 있는가?

물리적으로 특정 장소에서 만나서 하는 교육을 대면교육 혹은 집체교육이라고 부릅니다. 물리적인 만남이 없는 즉, 온라인에서 이루어지

는 교육은 대면교육이 아니라는 의미를 담아 비대면 교육이라고 볼 수
있지요.

2. 강의가 실시간으로 이뤄지는가?

비대면 교육은 다시 2가지 형태로 구분됩니다.

첫째, 녹화된 형태의 교육입니다. 흔히 이러닝이라고 불리는 교육이
지요. 이러닝은 학습자가 원하는 시간에 원하는 내용을 학습할 수 있
기에 자율적 Self-paced, 비동기적 Asynchronous 형식의 강의입니다.

둘째, 실시간으로 진행되는 교육입니다. 교수자가 말하는 동시에 학
습자가 듣게 되는 동기적 Synchronous 형식의 교육이지요. 이 책에서 말하
는 '온라인 라이브 클래스'가 바로 이런 형태의 강의를 뜻합니다.

대면교육과 비대면 교육의 종류

대면(Off-line)교육	비대면(On-line)교육	
집체 교육 (Classroom learning)	비실시간 교육 (Asynchronous)	실시간 교육 (Synchronous)
	이러닝 (Recorded e-learning)	온라인 라이브 클래스 (Online live Class)

비대면 실시간으로 이뤄지는 '온라인 라이브 클래스'는 다음 질문
에 따라 다시 3가지 형태로 구분해볼 수 있습니다.

온라인 라이브 교육의 종류 [6]

A. 낮은 상호작용과 다수 참여 인원의 웹캐스트 Webcast

웹캐스트는 문자 그대로 웹으로 하는 방송입니다. 유튜브 라이브 방송 혹은 MBC의 예능프로그램인 마리텔 마이 리틀 텔레비전 을 떠올리시면 쉽게 이해할 수 있을 것 같습니다. 군이 참여 인원에 제한을 둘 필요가 없는 '지식 전달을 목적으로 하는 프레젠테이션 형태의 교육'에 적합한 방식이지요. 참가자들은 주로 채팅을 통해 의견, 질문, 호응 가끔은 드립 을 보내고 교수자는 선별적으로 답하는 방식입니다.

B. 중간 수준의 상호작용과 중간 정도 참여 인원의 웨비나 Webinar

웨비나는 웹 Web 과 세미나 Seminar 의 합성어입니다. 웹으로 진행하는 세미나라는 뜻이지요. 세미나는 서로의 연구를 발표하고 Q&A 하거나 전문가의 강의 후 Q&A로 이어지는 형태의 교육 방법입니다. 웨비나는 이런 형식을 빌려 온라인상에서 학습하는 것이지요.

그러다 보니 웨비나가 잘 운영되려면 우선 특정 주제의 전문가와 그 주제에 관심이 높은 학습자들이 모여야 합니다. 주제 발표도 중요하지만, 그 이후 이어지는 Q&A가 하이라이트이기 때문입니다. 웹캐스트는 교수자와 참가자와의 상호작용이 상대적으로 부가적인 것이라면 웨비나는 Q&A를 통한 교수자와 참가자와의 상호작용이 학습 목표 달성의 필수요소로 볼 수 있습니다. 이때 참가자의 질문에 현실적인 답을 주어 문제해결을 돕는 것이 바로 전문가의 역할이겠지요.

C. 높은 상호작용과 소수 참여 인원의 버추얼 클래스 Virtual Class

이 책에서 가장 중점적으로 다룰 교육형태가 바로 버추얼 클래스입니다. 버추얼 클래스의 본 의미를 살려 의역하면 '가상인데 마치 실제 같은 강의' 정도가 되지 않을까 싶습니다. 여기서 실제 같은 강의란 오프라인 강의를 말하는 것일 테고요. 마치 강의장에서 서로 만나 설명하고 대화하고 토론하고 발표하듯이 온라인상에서 진행하는 강의이지요.

이런 형태의 강의는 학습자의 사전 지식수준이 높고, 동기가 높으며, 학습주제가 단순하기보다 복잡하고 비구조화된 내용을 다룰 때 적합한 방식입니다.

학습의 목표 측면에서 보자면 웹캐스트라는 교육방식이 지식습득에 초점을 가지고 웨비나는 지식과 더불어 전문가의 구체적인 노하우 전수까지 포괄하는 면이 있지요. 반면 버추얼 클래스는 지식전수^{인지}^{적 내용} 자체보다 학습자들이 서로의 경험을 나누며 '실천적 노하우'^암^{묵지}를 습득하거나 '필요한 도구와 기술' ^{행동적 내용} 을 익히고 '동기와 관점' ^{태도적 내용} 의 변화를 가져오는 역량개발에 초점을 둔 학습목표가 있을 때 적합한 방식이라고 볼 수 있습니다.

웨비나에서 초점을 둔 상호작용이 Q&A를 통해 이뤄지는 교수자와 학습자 간의 상호작용이라면 버추얼 클래스는 교수자와 학습자 간의 상호작용뿐 아니라 학습자 간의 상호작용이 학습 목표를 달성하는데 필수적인 요소가 되는 경우죠. 그래서 상호작용의 질과 양을 위해 인원을 제한하는 것이 필요합니다.

온라인 라이브 교육의 종류

대면(Off-line)교육	비대면(On-line)교육		
집체 교육 (Classroom learning)	비실시간 교육 (Asynchronous)	온라인 라이브 클래스 (Online live Class)	
	이러닝 (Recorded e-learning)	웹캐스트 (Webcast)	웨비나 (Webinar)	버추얼클래스 (Virtual class)

Mark's TIP

Q. 버추얼 클래스의 적정인원은 어떻게 보시나요?

세계 최대 HRD 협회인 ATD Association for Talent Development 에서 진행하는 버추얼 클래스 Virtual Class 의 경우 참가인원을 25명으로 제한합니다. 개인적으로 25명이면 정말 최대치의 인원이라고 생각합니다. 그럼에도 효과적으로 강의가 진행되는 이유는 첫째, 공개과정의 특성상 매우 높은 학습동기를 가진 학습자들이 참여하며 둘째, 숙련된 교수자 Facilitator 와 프로듀서 Producer 가 함께 진행하기 때문입니다.

저는 일반적인 기업교육의 경우 한 클래스에 10~15명이 최적 인원이라고 봅니다. 단, 15명이 넘어가는 경우 반드시 교수자와 프로듀서의 협업을 통해 온라인 라이브 클래스의 효과성을 지켜나가길 권해드립니다.

PART 03

그럼, 온라인 라이브 클래스가
정답입니까?

선택의 시대에서 조합의 시대로

선택의 시대를 넘어 조합의 시대로

> > >

오프라인 교육과 온라인 교육은 서로 어떤 관계일까요? 그들의 과거를 거칠게 정리해보자면 한때 그들은 "or"의 관계였습니다. 교육담당자와 기획자들이 '이번 교육은 오프라인 교육으로 할까? 이러닝으로 할까?'를 고민했던 때가 있었던 것이죠.

그러다 블랜디드 러닝 Blended Learning 이 등장하며 이들은 "and"의 관계로 발전합니다. 블랜디드 러닝은 두 가지를 잘 섞어서 하자는 것이죠. 그러다 2007년 미국 화학교사들이 블랜디드 러닝을 혁신적으로 사용하는 방식인 플립러닝 Flipped Learning, 거꾸로 학습 을 도입하면서 한층 업그레이드된 "and"라는 조합이 세계적으로 확산되었습니다.

"and"면 "and"지 무엇이 그렇게 다르냐고요? 블랜디드 러닝이 문자 그대로 온라인과 오프라인 교육을 섞어서 하는 것이라면 플립러닝의 온라인 교육은 오프라인 교육을 위한 사전지식을 얻는 데 쓰인다는 명확한 목적과 순서를 가지고 있습니다. 더 큰 특징은 플립러닝의 오프라인 교육이 학습자 참여 중심으로 구성된다는 것입니다. 오프라인에서 하던 전달식 지식 교육을 온라인으로 옮기고 오프라인에서는 역동적으로 서로에게 배우는 상교학습을 중심으로 하기에 '거꾸로 학습'이라고 불리는 것이지요.

그런데 근래에 이들의 관계가 새로운 국면을 맞이하고 있는 것 같습니다. 온라인 라이브 클래스라는 또 다른 학습형태가 등장하며 "or 와 and"의 시대를 넘어 "combination"의 시대로 들어선 것이지요. "or"에서 "and"로의 변화보다 한층 더 복잡하고 훨씬 더 흥미로운 시대가 열리는 것 같습니다. 다양한 조합이 교육의 효과성에 미칠 영향이 참 기대가 됩니다.

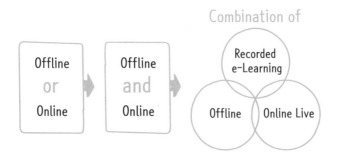

교육훈련의 트렌드

네. 이제는 교육 효과를 높이기 위한 교육담당자와 기획자의 고민이 달라져야 할 때입니다. "어떤 방식을 선택할까?"에서 "어떤 방식을 어떻게 조합할까?"로 말입니다.

최적의 조합을 찾기 위한 첫 단추, 분석

> > >

최고의 술들을 섞는다고 맛깔난 칵테일이 나오는 것은 아니지요. 원하는 맛과 색을 내려면 내용물의 특성을 잘 파악하는 것이 우선일 것입니다. 이처럼 학습자와 학습 목표에 따른 최적의 교육방식 조합을 만들어내려면 우선 교육방식별 장단점을 분석해보는 것이 필요할 것 같습니다. 같이 해볼까요? 다음 4가지 질문에 자신의 생각을 적어봅시다.

1. 오프라인 교육의 장점과 단점은 무엇일까요?

   _____

2. 이러닝의 장점과 단점은 무엇일까요?

   _____

3. 버추얼 클래스의 장점과 단점은 무엇일까요?

   _____

4. 웹캐스트나 웨비나의 장점과 단점은 무엇일까요?

   _____

잠시 고민해보셨나요? 그럼 지금부터 리얼워크의 '온라인 라이브 러닝퍼실리테이션 공개과정'에 참여한 학습자분들의 의견을 가감 없이 보여드리겠습니다.

방식	장점 정리
Offline (집체교육)	교육몰입을 위한 실재감이 가장 크다
	학습자 간 상호작용이 용이하다
	언어와 비언어의 정보를 생생히 나눌 수 있다
	교수자가 플랫폼 기능에 익숙하지 않아도 괜찮다
	교육 진행 상황과 이슈를 바로 확인할 수 있다
	학습효과가 입증된 방식이다
	친숙하고 인간적이다
Online (이러닝)	정보 전달에 효과적이다
	시간과 공간의 제약을 적게 받는다
	한번 잘 만들어 놓으면 활용도가 높다
	수강비용이 상대적으로 저렴하다
	교수자 관점에서 수익의 자동화가 가능하다
Online Live (Virtual Class)	온라인의 편의성과 오프라인의 역동성 결합!
	참가자들 간에 상호작용이 용이하다
	Shy한 참여자도 적극적으로 참여가 가능하다(채팅 등)
	다양한 국적, 다양한 지역의 학습자를 만남으로 극대화된 상교학습이 일어난다
	시간과 공간의 제약을 상대적으로 적게 받는다
	시의적절한 강의를 즉각적으로 공급할 수 있다
	은근히 몰입도가 높다
Online Live (Webcast, Webinar)	다수의 참가자들에게 실시간으로 양질의 강연을 전달할 수 있다
	만나기 힘든 전문가들을 편하게 만날 수 있다
	부담 없이 채팅으로 참여할 수 있다
	이동의 불편함이 없다

방식	단점 정리
Offline (집체교육)	강의실, 숙소, 식사, 간식 등의 준비가 필요하다 (고비용)
	시간이 오래 걸린다(통학 등)
	교육에 소외된 사람들이 있다(비용, 시간, 거리)
	코로나 19라는 변수에 취약하다
	사실 오프라인 수업에 들어간다고 해서 학습을 더 열심히 하는가?
Online (이러닝)	일방적이며 상호작용이 어렵다
	동기부여가 없다면 집중력이 쉽게 떨어질 수 있다
	재생시켜놓고 다른 일을 하며 진도율만 채울 수 있다
	내버려 두면 이수율이 낮다
Online Live (Virtual Class)	교수자의 역량이 많이 요구된다(내용 전문성, 전달 능력, 기능 숙달 등)
	참가자의 화상교육 시스템 이해도, 활용도를 높이는데 시간이 든다
	밀도 있게 설계하기 위한 노력이 많이 필요하다
	화면이 꺼져있는 경우 실제 몰입하여 참여하는지 확인이 어렵다
	안 들리거나 버퍼링이 생기는 경우 강의의 질이 떨어진다
	다수의 인원이 참가할 수 없다
Online Live (Webcast, Webinar)	관심 없는 주제면 바로 딴짓을 하게 된다
	각 교육생의 상황이나 집중도 파악이 어렵다
	참가자가 기술적 이해가 낮을 때 진행이 어렵다

　지금까지 각 교육방식의 장점과 단점을 파악해보았습니다. 해당 교육의 목적을 이루기 위한 최적의 콤비네이션은 각 조직이 처한 상황에 따라 달라질 수밖에 없습니다. 그래서 그럴싸한 모범답안을 드리기보다 고민의 결과물인 실전 사례 한 가지를 소개해 드릴까 합니다.

학습 목표를 이루는 교육방식을 찾는 여정, S사의 콤비네이션 사례

>>>

2020년 상반기, S사 사내대학 전 교수진과 임직원들의 '퍼실리테이션' 역량을 강화하는 교육을 의뢰받았습니다. 교육을 의뢰한 HRD담당자도 이 과정을 설계하고 강의할 저희도 학습자들이 입에서 "진짜 도움이 되는 교육이었다"라는 말이 나오도록 최고의 교육 효과를 내고 싶은 욕심이 있었지요.

몇 주간 함께 고민에 고민을 거듭했네요. 이미 익숙한 오프라인 교육이었다면 그 고민이 덜했을 것인데 코로나19의 여파로 상반기 교육은 온라인 방식으로 결정되어 있는 상황이었습니다. 그래서 교육의 목적, 학습자의 특성, 콘텐츠의 특징, 우리가 가진 역량이라는 각각의 퍼즐들을 가장 아름답게 맞출 수 있는 최적의 교육방식 콤비네이션을 찾아보려 했습니다. 그리고 최종적으로 다음과 같이 프로세스를 설계하고 진행했습니다.

이때 시도한 콤비네이션을 간략하게 소개해봅니다.

S사 퍼실리테이션 프로그램 구성

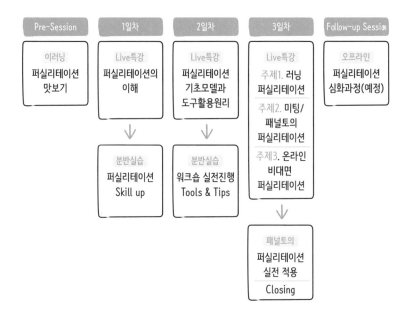

Pre-Session

이러닝
퍼실리테이션
맛보기

1일차

Live특강
퍼실리테이션의
이해

↓

분반실습
퍼실리테이션
Skill up

2일차

Live특강
퍼실리테이션
기초모델과
도구활용원리

↓

분반실습
워크숍 실전진행
Tools & Tips

3일차

Live특강
주제1. 러닝
퍼실리테이션

주제2. 미팅/
패널토의
퍼실리테이션

주제3. 온라인
비대면
퍼실리테이션

↓

패널토의
퍼실리테이션
실전 적용
Closing

Follow-up Session

오프라인
퍼실리테이션
심화과정(예정)

Pre-Session : 이러닝(e-Learning)

우선 해당 주제와 관련한 기초적인 지식을 예습해볼 수 있도록 약 1
주일간 이러닝을 제공했습니다. 의무적으로 이수해야 하는 것은 아니
었습니다. 상세하게 안내는 하되 도움이 되리라 판단하면 스스로 학습
하게 한 것이지요.

이러닝은 자기주도형 학습에 최적화된 교육형태라 의무교육이 되는
순간 학습자의 자발성도 교육 효과도 사라지기가 쉽지요. 이 회사의 경
우 이러닝뿐만 아니라 이후 모든 과정도 참석 여부를 본인의 필요에 따

라 스스로 결정하게 하였습니다.

1~3일차 Live 특강 : 웹캐스트(Webcast)

웹캐스트의 목적은 다수의 참가자에게 해당 주제에 대한 핵심적인 지식을 전달하고 이후 이어지는 소그룹 활동에 대한 기대감을 주는 것이었습니다.

웹캐스트는 아무래도 소수의 인원이 참여하는 버추얼 클래스보다 상호작용이 적을 수밖에 없는 교육방식이기에 내용 면에서 확실하게 임팩트를 줄 수 있는 콘텐츠와 전달 면에서 몰입을 유도할 수 있는 스토리텔링이 필요하다고 보았습니다. 그래서 첫째 날에는 2명의 전문가가, 둘째 날과 셋째 날에는 3명의 전문가가 각자의 내공을 자신 있게 풀어냈습니다.

특히 3일차에 이뤄진 3번의 특강 중 '러닝 퍼실리테이션'은 러닝 퍼실리테이션 저자인 제 Mark 가, '미팅 퍼실리테이션'은 국제공인 퍼실리테이터 IAF 장정열 소장님 Joseph 이, '온라인 퍼실리테이션'은 국제공인 버추얼트레이닝 퍼실리테이터 ATD 이연임 이사님 Abby 이 자기 분야의 핵심을 각 20분간 임팩트있게 전달했답니다.

1~2일차 분반실습 : 버추얼클래스(Virtual Class)

웹캐스트로 진행된 특강 이후에 소수 인원이 깊은 상호작용을 통해 학습하는 버추얼 클래스가 이어졌습니다. 넉넉한 시간은 아니었기에 꼭 알아야 할 것들 Must Know 만 실습하자는 목표로 밀도 있게 설계하였지요. 분반별로 한 명의 퍼실리테이터가 8~10명의 학습자와 만나 대화하고 실습하며 기술과 도구를 체득할 수 있도록 도왔답니다.

특히 이 시간이 과정설계시 가장 공을 들인 부분이었습니다. 온라인 상에서 지식전수 뿐 아니라 학습자들이 실제 퍼실리테이션의 기술과 도구를 훈련해볼 수 있길 바랬거든요. 함께 고민하며 과정을 설계한 리얼워크의 든든한 FT들 덕분에 핵심을 담은 알찬 과정이 개발된 것 같습니다.

3일차 패널토의 : 웨비나(Webinar)

셋째 날은 특강 이후에 S사 내부전문가 2인과 외부전문가가 1인이 패널이 되어 미리 준비된 질문과 현장에서 나오는 즉석 질문에 답하는 시간을 가졌습니다.

특히 외부전문가보다 내부전문가의 인원이 더 많았던 이유는 결국 이 과정을 통해 배운 것을 현장에서 적용하려면 현장에서 이미 퍼실리테이션을 활용하고 있는 분들의 경험과 노하우를 공유하는 것이 더욱 중요하다고 판단했기 때문입니다. 결론은 학습전이(Learning Transfer)죠!

웨비나의 성공은 좋은 질문을 통해 패널의 현장 노하우잘 끌어내는 것에 달려있습니다. 다행히 이날 충분히 고민한 질문들이 많이 나왔고 의미 있는 답변이 오고 갔습니다.

Follow-up Session: 집체교육(Offline Workshop)

상반기 교육을 통해 더 깊은 학습 욕구가 생긴 사람 또는 학습한 내용을 실천하다 고민이 깊어진 사람들을 위해 하반기에 집체교육을 계획하고 있습니다. 그사이에 어떤 변수가 어떻게 생길지는 모르지만 기회가 주어진다면 집단의 역동이라는 오프라인 교육의 강점을 살려서 설계하고 운영해보려고 합니다.

네, 여기까지 소개드렸습니다. 글은 쉽게 썼지만 실은 이 프로젝트 준비에만 거의 한 달을 온전히 몰입했답니다.

오프라인 강의를 온라인 라이브로 전환해야했고, 온라인 라이브에 최적화된 활동들을 기능과 접목해서 만들어야했고, 개발한 프로그램을 전수하고 시연하며 분반 강의의 내용과 난이도를 맞춰야했고, 현장의 기술적 이슈에 대응하는 방안도 세워야 했지요.

정말 S사 HRD담당자분들의 적극적인 지원이 있었기에 또 함께한 리얼워크 멤버들 덕분에 가능했습니다. 이 프로젝트를 준비하고 또 진행하며 '온라인 라이브 강의'가 단 하나의 정답은 아니어도 또 하나의 해답일 될 수는 있을 것이라는 생각이 들었습니다.

온라인 라이브 클래스가 해답이 되려면?

> > >

온라인 라이브 클래스를 어떻게 잘 할 수 있을까요? 라는 질문을 종종 받곤 합니다. 네, 교육목적을 명확하게 세우고, 그 교육이 꼭 필요한 대상을 선정하고, 목적과 대상을 고려한 교육방식을 조합하여 설계하고, 기술적 이슈를 최소화시킬 수 있도록 운영하시면 됩니다.

이렇게 말씀드리면 어떨까요? 틀린 말은 아닌데 속이 시원하지는 않은 흔히 말하는 교과서적 답변이 되겠지요. 그래서 지금부터 온라인 라이브 클래스의 효과성을 높이기 위한 구체적인 내용을 3가지로 나누어 설명해 드리려고 합니다.

첫째, 콘텐츠의 밀도를 높이는 교육과정 설계입니다. 뿌리가 깊은 나무가 크게 자라는 것처럼 설계를 잘한 교육이 제대로 된 결과를 냅니다. 오프라인 강의를 영상으로 찍어 실시간으로 송출한다고 온라인 강의가 되는 것이 아닙니다. 학습자를 자주 참여시킨다고 다 좋은 것도 아닙니다. 배움이 일어나는 참여를 끌어내야 하겠지요. 이를 위해 콘텐츠의 밀도를 높이는 설계 프로세스와 실전 노하우를 2장에서 함께 알아보겠습니다.

둘째, 학습자의 참여를 촉진하는 퍼실리테이션[7]입니다. 온라인 환경에서 자연스럽게 참여를 유도하기 위해선 우선 학습자의 특성을 파악하는 것이 필요합니다. 또한 플랫폼 기능에 대한 명확한 이해와 함께 교수자의 퍼실리테이션 스킬이 더해져야 할 것입니다. 이 부분은 3장에서 글과 그림으로 친절하게 설명해 드리겠습니다.

셋째, 디테일이 살아있는 운영입니다. 특히 온라인 라이브 클래스의 특성상 촘촘하게 짜인 설계안과 숙련된 퍼실리테이터가 있어도 운영에 차질이 생기면 답이 없습니다. 여러 기업과 조직이 온라인 라이브 클래스를 꺼리는 이유도 여기 있다고 생각합니다. 이 부분에 대한 저희의 노하우를 담은 구체적인 가이드라인은 4장에서 다뤄보겠습니다.

남은 챕터를 통해 이 세 가지를 배우고 또 익히셔서 '온라인 라이브 클래스'가 여러분에게도 또 하나의 해답이 될 수 있으면 참 좋겠습니다.

SK아카데미 러닝센터 하주석 팀장

1. 간단하게 자기소개를 해주세요.

SK아카데미 역량 CoE 하주석 팀장입니다

SK아카데미는 SK그룹연수원으로 SK그룹의 경영철학과 핵심가치 계승&발전 및 차세대 리더육성을 담당하는 조직입니다. 제가 담당하고 있는 역량 CoE는 크게 두가지 역할을 하고 있습니다.

첫 번째 역할은 SK의 새로운 구성원이 된 신입사원, 영입구성원에게 SK의 경영철학인 SKMS와 SK의 일하는 방식 공유를 통해 SK에서 함께할 때 더 큰 행복을 만들 수 있다는 확신을 드리는 것입니다. 두 번째는 그룹의 구성원들이 더 큰 행복을 만들고, 이를 지속하기 위해 필요한 다양한 역량개발을 지원하는 프로그램을 기획하고 운영하는 것입니다.

2. 최근 온라인 라이브로 운영하신 과정에 대해 소개 부탁드립니다.

SK는 SK구성원 모두가 참여하는 이천포럼이라는 프로그램을 운영해 오고 있습니다. 이천포럼은 SK 구성원들이 세계적 석학, 전문가들과 함께 경제, 사회, 기술혁신 등에 대해 서로 토론하고 이를 통해 사회적 가지 실현방안 및 미래 발전방향을 모색하는 과정에서 구성원의 역량을 강화하는 심포지움입니다.

올해로 4회째를 맞은 포럼이 준비되면서 구성원이 갖춰야할 중요한 역량 중의 하나로 Facilitation 역량의 중요성이 더욱 부각되었습니다. 이러한 인식하에서 그룹 구성원의 역량개발을 담당하고 있는 구성원들이 가장 먼저 Facilitation 역량에 대한 이해와 활용방법에 대해 알고 있어야 한다는 취지에서 Facilitation 과정을 준비하게 되었습니다

최초 3월 과정을 구상하던 당시는 일반적인 교육과정과 같이 3일 집합과정으로 기획되었으나, COVID-19의 확산에 따라 일정을 조정하여 온라인 사전학습과 오프라인 2일 실습과정으로 변경하고 오프라인 과정을 시작할 수 있는 시점을 기다렸습니다. 그러나 예상밖으로 COVID 상황이 지속되어 이 상황을 받아들이고 경험해 보지 않은 완전히 다른 방식이더라도 온라인 라이브로 기획방향을 돌리는 더 나은 방향이라고 판단하였습니다. 그 후 본격적으로 온라인 라이브 Facilitation 과정을 준비하기 시작했습니다.

온라인 라이브로 방향을 선회하고 또 다시 두 번의 큰 과정기획의 변화가 있었지만, SK아카데미의 전구성원과 그룹 역량개발 플랫폼인 mySUNI를 담당하는 109명의 전구성원을 대상으로 약 2주의 기간동안 온라인 개인학습과 온라인 라이브 강의 방식으로 과정을 진행했고 성공적으로 마무리 할 수 있었습니다.

3. 교육 담당자로 위 과정을 온라인 라이브 과정으로 기획하실 때, 어떤 부분이 가장 고민 되셨나요? 또한 그 고민을 해결하기 위해 어떤 준비들을 하셨는지 궁금합니다.

교육 담당자들이라면 온라인이든 오프라인이든 어떤 형태의 교육과정을 기획하던지 동일한 고민을 하리라 생각됩니다. ROI까지는 아니더라도 과정을 이수했을 때 학습한 내용이 도움이 되었다고 느껴야 하고, 어떤 부분을 적용할 수 있을지 기대할 수 있어야 적용의 실마리를 풀어나갈 수 있는 최소한의 단초를 얻어갈 수 있으리라 생각됩니다. 또한 놓쳐서는 안되는 부분중의 하나가 이런 효과를 얻기 위해서는 과정 중에 지속적으로 몰입할 수 있는 환경을 만들어 주는 것이 무엇보다 중요한 요소라 생각됩니다.

강사가 준비한 새로운 메시지 Contents 가 어떤 시사점을 던지는 지가 무엇보다도 중요하겠지만, 이에 더해서 학습효과를 기대할 수 있는 부분은 비슷한 고민을 이유로 과정에 참여하는 동료 학습자들이 던지는 질문과 대답의 과정에서의 성찰 Reflection 과 시사점을 얻는 장치입니다. 이 부분은 온라인 과정에서 과정의 담당자가 가장 주안점을 두고 기획해야 하는 요소라 생각됩니다.

아직은 온라인 라이브 과정이 초기인 관계로 학습자들은 온라인 상황에서 자기 의견을 교환하고 서로의 의견에 피드백을 더해가는 부분이 매우 생소할 수 있기 때문에, 심리적 안전감을 빠르게 형성함으로써 상호간의 작용 Interaction 을 조기에 형성해서 몰입하게 하는 것이 가장 중요한 요소라 생각했습니다. 게다가 현업에서 일하는 중간에 2.5시간을 뚝 떼어내서 온라인으로 그것도 라이브로 교육을 받아야 하는 상황이라면 업무상황에서 온라인 교육환경으로 빠르게 몰입할 수 있는 환경조성은 더욱 중요하다 할 수 있겠습니다.

'모임을 예술로 만드는 Facilitation'이라는 주제로 진행되었던 이번 과정은 이러한 몰입환경 조성을 위해 한번에 참여하는 인원을 50명 규모로 구분하여 2차수로 기획되었고, 각 차수는 3개의 주제에 대해 3일동안 각 150분 온라인 라이브 진행형식으로 진행되었습니다.

3번의 온라인 라이브 과정은 다시 2개의 세션으로 구분해서 진행했습니다. 개념 전달을 위한 전체 Live강의는 온라인 실시간 댓글 등 강의중에도 50명의 학습자가 서로 강의에 반응하며 학습에 적극적이고 지속적으로 참여할 수 있는 장치를 준비했습니다. 추가적으로 라이브 강의장에는 학습자를 대표해 현장에 참가한 3명의 참가자를 통해 화상으로 참여하는 학습자들이 현장에 있는 듯한 상호 작용 Interaction 장치를 추가하여 진행하였습니다.

이어서 진행된 그룹 토의는 6개 소그룹으로 나누어 전체 라이브에서 전달된 개념에 대해 모든 학습자들이 직접 실습해보고 기대사항과 궁금한 점을 세부적으로 이야기 할 수 있도록 구성하였습니다. 이 시간을 통해 오프라인에서 경험할 수 있는 다양한 상호 작용 Interaction 이상의 효과를 얻을 수 있었습니다.

4. 모든 온라인 과정 종료 후 학습자들이 가장 좋았다고 한 점과
아쉬웠다고 한 점은 각각 어떤 부분이었나요?

참가한 학습자들 또한 온라인 라이브 과정은 처음이었기 때문에 큰
기대 보다는 '어떻게 진행되는지 어디 한번 보자'는 식의 방관자적인
경우가 많았습니다. 다행히 준비했던 콘텐츠 자체도 학습자의 기대와
니즈를 반영하여 정리되었고, 라이브 강의와 줌을 이용한 소그룹 분
과토의로 연결된 진행방식이 기획 의도대로 운영이 되어 학습자들로
부터 오프라인에서의 워크숍 이상으로 상호간의 많은 토의와 시사점
을 얻어 갈 수 있었던 과정이라는 피드백을 받을 수 있었습니다.

아쉬운 점이라 할 수 있는 부분은 온라인 라이브의 특성상 3초간의
멈춤 조차도 방송사고라 할 정도로 흐름이 끊기고 몰입을 저해할 수도
있기 때문에, 학습자가 충분히 생각하고 리프레쉬하면서 기존과 다른
인사이트 Insight 를 얻을 수 있는 장치의 개발은 앞으로 경험과 시행착오
를 통해서 쌓아가야 할 영역이라 생각됩니다.

5. 이 책에서는 오프라인, 이러닝, 온라인 라이브 Webcast, Webinar,
Virtual class 를 조합하여 진행하는 콤비네이션 방법을 소개하고 있습
니다. 온라인 라이브 과정을 콤비네이션으로 준비하고 있는 교육
담당자분들께 말해주고 싶은 조언을 부탁드립니다.

처음 운영한 온라인 라이브 과정이었는데, 조금 더 몰입할 수 있는 방법은 없을까 고민하고 이를 구현하는 환경을 설계하다 보니 다양한 방법론이 적용된 콤비네이션 과정으로 운영이 되었습니다.

주어진 시간에 최대한의 몰입과 학습효과를 얻기 위해서는 저희가 진행했던 방법 외에도 앞으로 더욱 다양한 방식이 적용될 수 있으리라 생각됩니다. 방법론에 대한 고민 보다는 과정에서 학습자가 무얼 얻어가게 할 것 인가를 명확히 설정하시는 것이 우선일 것입니다. 그리고 이를 해결하는 방법론은 이 책에서 소개하는 리얼워크의 경험과 노하우를 조금만 수정해도 완전히 새로운 과정을 만들어서 운영하실 수 있을 것이라 생각합니다.

6. 마지막으로 온라인 라이브 과정을 준비하는 교육 담당자분들께 나누고 싶은 얘기가 있다면 부탁드립니다.

7월에 전면적으로 재택 온라인 과정으로 시행된 그룹 신입사원 과정 경험을 더해서 말씀드린다면 온라인 라이브 과정으로 기존의 모든 교육과정이 구현 가능하다는 확신을 얻었다는 점을 말씀드리고 싶습니다.

다만 과정이 시작되기 전 접속에 대한 사전안내에서부터 라이브 과정 중 어떤 학습이 진행되고 무엇을 얻어갈 수 있는지에 대한 네비게이터 장치와 온라인으로 접속되어 있는 매초 단위가 기존 오프라인 과정의 준비상황에 더해서 온라인 접속환경까지 세심하게 신경쓰셔야 한다는 점을 꼭 말씀드리고 싶습니다. 무엇보다 사전 리허설은 절대적으로 필수입니다.

2장

콘텐츠의 밀도를 높이는
온라인 라이브 교육과정 설계

Online Live Class

PART 04

온라인 라이브 클래스의 효과성을 높이는 3가지 실재감
교수 실재감, 사회적 실재감, 인지적 실재감

탐구 공동체 Community of Inquiry 를 탐구하다

> > >

어느 날 우연히 '탐구 공동체'라는 단어를 접했습니다. 이 단어를 곱씹어 볼수록 러닝 퍼실리테이터 Learning Facilitator 인 제가 그리는 이상적인 강의현장의 모습을 정확하게 표현한 단어라는 생각이 들더군요.

러닝 퍼실리테이션이 제대로 작동하는 현장이라면 '탐구 공동체'가 만들어질 수밖에 없습니다. 제가 정의하는 러닝 퍼실리테이션은 '학습자들이 동료 상호작용을 통해 문제를 해결하는 과정에서 학습하는 교수법'이거든요. [8] '수동적인 가르침 Teaching 은 줄이고 주도적인 배움 Learning 을 늘리는 방법'입니다.

탐구라는 말에 담긴 주도적인 문제해결 과정의 이미지, 공동체라는 말에 담긴 동료 상호작용의 모습이 제 맘에 쏙 들었습니다. 강의란 여행에서 미지의 답을 함께 찾아가는 탐구공동체, 진짜 멋지지 않습니까?

그러다 보니 강의 때 오프닝 멘트로 "오늘 우리가 함께 탐구 공동체가 되자"라는 이야기를 하기도 합니다. 단지 말뿐 아니라 학습자분들과 함께 탐구 공동체를 꾸려가려는 다양한 고민과 시도도 해왔답니다.

그런데 근래 '탐구 공동체' 관련 논문들을 접하며 새로운 사실을 알게 되었습니다. '탐구 공동체' 모델은 오프라인 강의의 효과성을 온라인 강의에서도 동일하게 가져오기 위해 고안된 모델이더군요. 게다가 명료하게 구분된 3가지 구성요소를 가지고 있는 온라인 교육에 관한 대표적 모델이기도 합니다. 이 모델을 통해서 온라인 교육을 잘 설계하고 진행하는 핵심요소들을 찾을 수 있을 것 같습니다. 그럼 이제 같이 '탐구 공동체'를 탐구해보시죠 ☺

실제實際와 같은 강의를 위한
3가지 종류의 실재實在감

> > >

캐나다의 랜디 개리슨 교수와 연구자들이 Garrison, Anderson & Archer 제안한 탐구 공동체 모델에서는 온라인 강의 효과에 영향을 주는 중요한 요인인 실재감을 이야기합니다. 이들의 연구를 간단하게 재구성한 그림은 아래와 같습니다.[9]

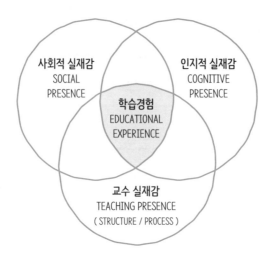

탐구공동체 모델 Community of Inquiry

실재감 Presence 은 가상공간에서의 학습경험을 설명하고자 시작된 이론이지요. 무언가 어딘가에 존재한다는 느낌 The Sense of Being There 을 말합니다.

강의에 교사가 있다는 느낌 교수 실재감 , 강의에 동료들이 함께 한다는 느낌 사회적 실재감 , 강의에서 배움이 일어난다는 느낌 인지적 실재감 , 이런 실재감이 필요하다는 것입니다. 특히 직접 강의장에 가지 않는 온라인 강의 환경에서는 이 실재감이 더욱 중요하겠지요.

교수자가 옆에 있는 것 같은
교수 실재감 Teaching Presence

> > >

교수 실재감은 단순히 물리적으로 교수자가 있는 것 같은 느낌을 말하는 것은 아닙니다. 교수자와 학습자 간의 상호작용 속에 드러나는 실재감입니다. 교수자가 실제로 강의에서 해야 할 것들을 한다고 학습자가 느끼는 것이라고 볼 수 있습니다.

그러면 교수자는 강의에서 무엇을 해야 하나요? 랜디 개리슨 교수와 연구자들 언급하는 교수 실재감의 3가지 요소는 바로 교수설계 Design, 퍼실리테이션 Facilitation, 직접적 강의 Direct Instruction 입니다.

교수설계가 어떤 내용을 어떤 구조와 순서로 가르칠 것인지를 결정하는 것이라면 퍼실리테이션은 대화를 촉진하고 피드백과 가이드를 주는 것입니다. 직접적 강의는 교수자가 내용 전문가로서 정확한 이해를 돕기 위한 지식과 정보를 전달해주는 것이고요.

교수 실재감을 구성하는 3요소

교수설계
Design
+
퍼실리테이션
Facilitation
+
직접적 강의
Direct Instruction

강의를 위해 교수자가 해야 하는 일은 단체여행을 떠날 때 여행 가이드가 하는 일과 매우 유사한 것 같습니다. 교수자가 탐구공동체의 탐구 여행을 인솔하는 것이지요. 여행 가이드는 여행을 떠나기 전 어느 코스로 어디를 가야 할지를 계획합니다. 이때 자기가 가고 싶은 코스가 아니라 참가자들이 가장 좋아할 최적의 코스를 선택해야 만족스러운 여행이 될 것입니다. 이렇게 학습자들이 가장 잘 배울 수 있는 최적의 경로와 내용을 선택하는 것이 '교수설계'입니다.

이제 여행을 출발했습니다. 여행 가이드는 참가자들과 동행합니다. 참가자들이 잊지 못할 멋진 여행을 경험할 수 있도록 현장에서 최선을 다해 돕지요. 참가자들의 질문에 답해주기도 하고 필요한 물품을 공급해주기도 합니다. 이렇게 참가자들과 상호작용을 하는 모습은 마치 강의장에서 학습자들이 최고의 학습경험을 가지도록 돕는 퍼실리테이터의 모습과 오버랩됩니다. 앞에 나서기보다 옆에서, 뒤에서 학습자들을 끌어주고 밀어주며 길을 안내하는 것이 '퍼실리테이션'입니다.

잠시 버스가 멈췄습니다. 이 곳이 세계적으로 유명한 공원이라네요. 여행 가이드는 재미나고 명쾌하게 공원에 얽힌 이야기를 설명해줍니다. 흥미로운 이야기 속에서 새롭게 알게 되는 것들이 있습니다. 이렇게 꼭 필요한 지식을 적절한 지점에서 효과적으로 전달해주는 것이 '직접적 강의'겠습니다.

교수자의 교수설계, 퍼실리테이션, 직접적 강의, 이 세 가지가 골고루 있어야 탐구공동체가 알찬 탐구여행을 경험할 수 있을 것입니다.

물론 이 세 가지가 다 중요하지만 만약 저에게 가장 중요한 것이 무엇이냐고 물으신다면 저는 "교수설계, 퍼실리테이션, 직접적 강의는 항상 있을 것인데 그중에 제일은 교수설계라"고 말씀드리겠습니다. 왜냐하면 퍼실리테이션과 직접적 강의의 밀도와 빈도도 결국 설계에서 출발하기 때문입니다. 학습자의 지식수준과 정서 상태를 고려한 세밀한 설계는 교육 효과와 직결됩니다. 개인적으로 화면 앞에 보이는 강의 현장은 화면 뒤에서 설계한 설계안대로 제대로 흘러가는지를 확인하는 자리라고 생각하거든요. 교수설계 부분은 다음 장에서 별도로 자세히 살펴보겠습니다

다른 학습자가 옆에 있는 것 같은
사회적 실재감 Social Presence

> > >

사회적 실재감은 다른 학습자의 존재를 실제와 같이 인식하는 정도를 의미합니다. 학습자와 학습자 간의 상호작용 속에 드러나는 실재감이라고 볼 수 있지요. 사회적 실재감의 핵심은 공동체와의 연결성 Connectivity 입니다. 조금 더 엄밀하게 표현하면 서로 연결되었다고 느끼는 주관적 인식입니다.

샬롯과 프랭크 Charlotte N. Gunawardena & Frank J. Zittle 의 연구는 온라인 학습환경에서 사회적 실재감은 학습자들 사이의 활발한 의견교환을 통해 친밀감을 형성하고 학습만족도를 높이는 데 긍정적인 영향을 주며 학

습성과를 향상시키는 데에도 중요한 역할을 한다고 주장합니다. [10]

당연한 결과지요. 알찬 스터디 모임을 경험해보신 분들은 서로가 서로를 돕고 또 가끔은 압박하는 중에 학습의 능률이 쑥쑥 올라가는 것을 이미 알고 있을 것입니다.

그렇다면 온라인 라이브 클래스에서 어떻게 서로 연결되었다고 느낄 수 있을까요? 서로 가벼운 대화를 나누고 Small Talk, 주제에 관해 토론을 진행하고 Discussion, 협업을 통해 문제를 풀어내고 Collaboration, 서로 건설적인 피드백을 주고받으며 Feedback 서로의 실재감을 깊게 느낄 수 있을 것입니다. 사회적 실재감의 핵심이 바로 동료와의 상호작용인 것이지요.

사회적 실재감을 높이는 4가지 동료 상호작용

대화 Small talk + 토론 Discussion + 협업 Collaboration + 피드백 Feedback

그래서 강의를 여는 첫 시간 오프닝에 서로의 마음을 열게 돕는 것이 매우 중요합니다. 저는 소소한 대화 Small Talk 를 하는 것으로 시작합니다. 제가 주로 사용하는 질문은 아래와 같습니다.

1. "현재 강의에 참석하고 있는 장소는 어디인가요?"

이 질문을 하는 이유는 온라인 강의의 특성상 각자 강의에 참석한 장소가 다르기 때문이기도 하지만 조금 더 속에 있는 이야기를 끌어내기 위한 목적도 있습니다. 장소를 이야기하다보면 '방이 좀 지저분해도 이해해주세요', '제가 지금 사무실이라 잠시 자리를 비울 수도 있으니 양해해주세요', '아이들이 들어올 수 있어서 음소거를 좀 해놓을께요' 등등 개인적인 이야기를 하게 되기도 한답니다.

2. "현재 컨디션은 어떠세요? 10점 척도로 이야기해 주시겠어요?"

이 질문을 통해 학습자들은 현재 자신의 상황을 자연스럽게 나눌 수 있습니다. '저는 4점이요. 어제 회식이 있어서 좀 피곤하네요', '저는 6점입니다. 월말이라 밀린 일들이 많아서 쉴 틈이 없네요' 이런 사적인 이야기는 서로에 대한 이해를 높여 서로 조금 더 연결된다는 느낌을 줍니다. 그리고 교수자는 이 질문을 통해 학습자의 심리적 상태를 파악하여 좀 더 세밀한 관심을 줄 수 있게 됩니다.

3. "책상 위에 있는 개인적으로 소중한 물건 하나 소개해주시겠어요?"

소중한 이야기를 나눈다는 것은 친밀함을 더하는 지름길입니다. 특히 물건이라는 도구를 활용해서 말하면 훨씬 더 편안하게 이야기할 수 있습니다. 이런 이야기를 나누면 말하는 사람이나 듣는 사람이나 입가에 미소가 지어지는 것을 확인할 수 있답니다. 학습자의 미소는 오프닝이 잘 되고 있다는 증거이지요.

러닝 퍼실리테이터로서 제가 마음에 새기고 있는 교수법의 격언이 정확히 사회적 실재감과 연결되는 것 같습니다.

배우고 있음을 느끼는 인지적 실재감 Cognitive Presence

> > >

인지적 실재감은 학습자 자신이 '인지적 영역에 존재하고 있다'라는 느낌을 말합니다. 거칠게 설명하면 '현재 내 머리가 돌아가고 있구나' 라는 느낌이지요. 여러분도 강의에 몰입할 때 종종 '아하'라는 깨달음 이 오기도 하고 가끔은 '저 말이 정말일까?' 비판적으로 생각해본 적 도 있으시죠? 이렇게 탐구과정에 몰입하는 현상, 즉 내가 배우고 있음 을 느끼는 상태를 인지적 실재감이라고 볼 수 있습니다.

랜디 게리슨 교수와 연구진은 인지적 실재감과 관련한 '실제적 탐 구 모델 Practical Inquiry Model 을 제시합니다. [11] 이 탐구모형의 각 사분면은 비판적 사고 Critical Thinking 의 흐름이자 인지적 실재감의 현황을 나타냅 니다.

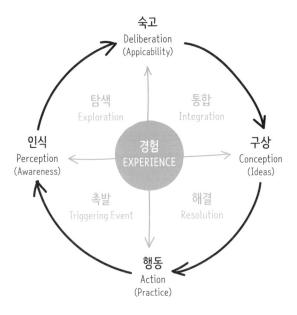

실제적 탐구 모델 Practical Inquiry Model

이 모델에서 확인할 수 있는 인지적 실재감을 높이기 위한 교수자의 역할은 (1)촉발: 학습자에게 좋은 질문을 제공하고, (2)탐색: 질문에 대한 답을 스스로 혹은 함께 탐색할 수 있는 시간을 갖고, (3)통합: 새롭게 알게 된 내용을 기존에 알았던 내용과 통합하도록 성찰의 기회를 주고, (4)해결: 최종적으로 문제를 풀거나 답할 수 있도록 돕는 것입니다.

교수자가 턱하고 답을 주는 것이 아니라 학습자가 고민하게 하고 답을 찾아보게 하며 실제 적용해보게 하는 것이죠. 강의를 하면 할수록 결국 스스로 노력해서 얻은 지식이라야 진짜 자신의 지식이 되는 것 같습니다.

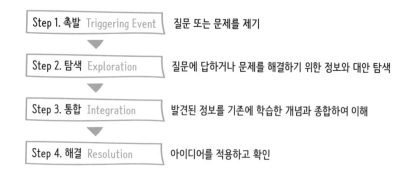

Step 1. 촉발 Triggering Event	질문 또는 문제를 제기
Step 2. 탐색 Exploration	질문에 답하거나 문제를 해결하기 위한 정보와 대안 탐색
Step 3. 통합 Integration	발견된 정보를 기존에 학습한 개념과 종합하여 이해
Step 4. 해결 Resolution	아이디어를 적용하고 확인

실제적 탐구모델의 4가지 단계

그래서 가능하다면 교수자는 좀 더 적게 가르치고 학습자들이 좀 더 많이 경험하게 하는 방식을 다양하게 연구하고 시도하면 참 좋겠습니다. 학습자가 주인공이 되는 강의, 그것이 인지적 실재감을 높이는 가장 좋은 방법이지 않을까요?

지금까지 탐구공동체라는 모델을 중심으로 온라인 강의의 효과성을 높이는 3가지 실재감에 관해 알아보았습니다. 3가지 실재감은 개념적으로는 구분이 되지만 강의현장에서는 교수 실재감, 사회적 실재감, 인지적 실재감이 함께 나타나야겠지요.

세 가지 실재감이 넘실대는 리얼한 온라인 강의, 생각만 해도 괜찮지 않나요? 진짜 교수자가 제대로 배우게 돕는, 진짜 학습자들과 즐겁고 깊게 참여하는, 무엇보다 진짜 배움이 일어나는 온라인 라이브 클래스를 함께 만들어봅시다.

PART 05

온라인 라이브 클래스 들여다보기

마크(Mark)의 오프라인 강의
vs.
에비(Abby)의 온라인 강의

온라인 라이브 클래스가 어떻게 설계되고 운영되는지를 명확하게 알려면 동일한 대상과 주제를 가진 오프라인 강의와 비교해서 살펴보는 것이 도움이 될 것입니다. 그래서 이번 장에서는 기업의 핵심인력인 팀장님을 대상으로 열린 리더십 개발을 위한 강의 aka. 팀장 리더십 개발 프로그램 를 참관하려고 합니다. 마크 Mark 의 오프라인 강의과 에비 Abby 의 온라인 강의입니다. 두 분께 미리 양해는 구했으니 무엇이 비슷하고 무엇이 다른지 찬찬히 확인해보시죠.

A사 팀장 리더십 개발을 위한 마크 Mark 의
오프라인 강의 현장

> > >

강의 준비(Preparation)

강의 1시간 전 강의장에 도착한 마크 Mark 는 평소처럼 노트북을 프로젝터에 연결하고 마이크를 테스트한다. 아-아-. 하울링이 없는 깔끔한 소리다. 강의장 뒤편에 거울로 걸어가 옷매무새도 한번 점검해본다. 음. 오늘 괜찮네. 사실 마크는 좀 많이 긍정적이다.

마크는 노트북 D 드라이브에 담긴 '강의 슬라이드'를 열어 프로젝터로 띄운다. 경쾌한 음악도 살짝 틀어놓는다. 학습자들이 한두 명씩 강의장으로 들어와 지정된 자리에 앉는다.

오늘은 총 18명의 리더와 8시간 동안 함께 하는 날이다. 강의장 테이블은 6인 1조, 총 3조로 구성되어있다. 리더십이란 주제의 특성상 일방적인 강의보다 학습자분들과 함께 각자의 고민을 꺼내놓고 토론하고 실습하는 시간을 가져볼 계획이다.

강의 오프닝(Opening)

18명의 리더가 모두 정시에 도착했
다. 이제 강의 시작이다. 마크는 오늘
의 주제와 진행 방식을 설명했다. 그
리고 혹시 긴급한 일로 자리를 비워
야 한다면 같은 조 참가자분들께 미

리 이야기를 해달라고 요청한다. 조별로 이뤄지는 상교학습이 매우 중
요한 학습방식이기에 자리를 비우기 전에 서로 양해를 구하는 것이 조
원들에 대한 배려라고 생각하기 때문이다.

본격적인 강의에 앞서 잠시 조별로 서로 소개하는 시간을 가진다. 각
자 이름, 소속, 현재 팀장으로 가진 고민. 이 세 가지를 나누게 한다. 이
시간을 지나며 서로에 대한 경계가 조금씩 사라지는 것이 감지된다. 좋
다. '학습자 간의 연결' 이것이 강의 오프닝의 중요한 목적이다.

강의(Lesson)

마크는 첫 번째 질문을 던진다.
"여러분이 경험한 탁월한 리더는
어떤 특징을 가지고 있었나요?"

이 질문을 받은 학습자들이 고민하
는 것이 느껴진다. 과거의 경험을 돌

아보며 누군가를 찾고 그분의 특징을 추려내고 있는 것일 것이다. 만약 아무도 떠오르지 않는다면 위로와 격려가 필요한 사람일 것이다. 이제 각자 포스트잇에 그분의 5가지 특징을 적어보라고 부탁한다. 학습자들은 무언가를 끄적이기 시작한다. 시간이 조금 흘렀다. 쓱~ 둘러보니 대부분이 작성을 마친 듯하다. 이제 조별활동을 하면 좋겠다. 조별로 쓴 내용들을 공유하고 가장 자주 언급되는 5가지 특징을 빈도순위별로 전지에 정리하도록 안내한다.

2조에서 한 학습자가 손을 든다. 질문이 있나 해서 들어보니 조에서 나눈 내용을 5가지로 추리려는데 3~4위가 동수라 어떻게 결정하면 좋겠냐고 묻는다. 마크는 웃으며 조장님이 알아서 결정하시라고 결정권을 넘긴다. 논리적이고 분석적인 학습자들의 경우 종종 있는 일이다.

"이제 3분 남았습니다. 다들 전지에 정리해주세요" 3조가 토론이 길어지는 것 같아서 남은 시간과 해야 할 일을 한 번 더 알린다. 학습자 참여 중심의 강의는 시간 관리도 중요한 요소이다. 3분 뒤 모든 조가 전지작성을 마무리했다.

이제 개인별 투표를 할 때다. 우리 조에서 도출한 5가지 탁월한 리더의 특징 중 각자가 가장 가지고 싶은 특징 2가지를 골라 도트 스티커로 투표하게 했다. 다들 즐겁게 투표한다. 실은 이 활동이 이번 강의의 목표를 스스로 설정하게 하는 중요한 활동이다. 마크는 학습자가 스스로 문제를 설정하고 그 문제를 함께 풀어가는 교육이 가장 좋은 교육이라고 생각하기 때문이다.

투표 결과를 보니 가장 높게 나온 2가지 키워드가 '성과창출'과 '인간관계'다. 마크는 칠판에 큰 글씨로 이 두 가지 키워드를 판서했다. 이어서 '성과와 관계'에 관한 짧은 강의를 진행했다.

이어서 리더들에게 'A사의 리더십 모델과 역할' 이 프린트된 유인물을 나눠준다. 회사가 원하는 역할을 스스로 인지하라는 뜻이다. 이런 내용은 강사가 설명하기보다 학습자가 직접 읽고 고민해보는 것이 더 좋은 학습방식이다. 그래서 주요한 단어 몇 개는 빈칸으로 만들어두었다. 조금 더 적극적으로 고민하게 만드는 장치다. 자기 머리로 고민하고 이후에 답을 찾아야 자기 지식이 되더라.

강의 클로징(Closing)

이후 몇 가지 레슨과 활동이 이뤄지고 드디어 첫 번째 모듈이 끝났다. 마크는 이번 모듈에서 각자 무엇을 느끼고 배웠는지 둘씩 짝을 지어 대화를 나누게 한다. 이것은 학습자 중심의 복습활동이다.

드디어 쉬는 시간이다. 한 참가자가 자리에서 일어나며 마크에게 한마디를 던진다. "시간이 참 빠르게 흘러가네요." "네 그렇네요." 마크는 웃으며 답한다. 하지만 시간만 빨리 흘러가는 것이 아니라 배움도 크게 일어나길 바란다. 이제 다음 시간을 준비해야지.

O사 팀장 리더십 개발을 위한 에비 Abby 의
버추얼 클래스 Virtual Class 현장

> > >

강의 준비(Preparation)

에비 Abby 는 재택근무 중이다. 강의 1시간 전 작은 방에 마련한 미니 스튜디오에 자리를 잡았다. 미리 보내준 링크를 통해 온라인 라이브 강의장에 접속한 에비 Abby 는 마이크와 비디오를 테스트한다. 그리고 조명의 밝기와 각도를 조절한다. 조명이 밝아야 학습자들이 강사의 표정을 읽으며 강의에 몰입할 수 있을 것이다. 오. 오늘은 피부가 괜찮은데.

에비 Abby 는 노트북 D 드라이브에 담긴 '강의 슬라이드'를 열어 첫 화면을 공유한다. 1. 화면 공유 기능 첫 화면엔 강의 전 준비해야 할 도구와 마음이 적혀있다. 조용한 공간에서 마이크 내장형 이어폰을 준비하고 적극적으로 참여할 마음을 준비하라는 것이다. 온라인 라이브 강의를 처음 경험하는 분들도 있다고 들었다. 긴장을 풀 수 있도록 부드러운 느낌의 음악도 살짝 틀어놓는다. 2. 소리 공유 설정 학습자들이 한두 명씩 접속하기 시작한다. 화면의 배경을 보니 회의실, 사무실, 도

서관에서 접속하신 분들이 보인다. 한 분은 집에서 접속하셨다. 본인 뒤편 빨래걸이가 마음에 걸렸는지 급하게 가상배경으로 바꾼다. 가상배경이 '우주'다. 안방에서 우주라~ 실재감이 조금 떨어지긴 하나 응원하고 싶다 ☺ 3. 가상배경 설정 기능

오늘은 총 10명의 신임팀장님과 4시간 동안 '리더십'을 주제로 만나는 날이다. 신임팀장이라고 하지만 최소 6개월 이상 실제 팀장 역할을 수행하고 있는 분들이다. 리더십에 대한 기본적인 지식은 이달 초에 웹캐스트 Webcast 방식의 특강으로 학습했다고 들었다. 오늘은 버추얼 클래스답게 일방적인 강의보다 학습자분들과 함께 각자의 고민을 꺼내놓고 토론하고 실습하는 시간을 가져볼 계획이다. 이것이 리더십 강의를 소수의 인원으로 진행하는 이유니까.

강의 오프닝(Opening)

열 분의 리더가 모두 정시에 입장한 상태이다. 이제 강의 시작이다. 버추얼 클래스는 시작하자마자 참여하게 하는 것이 중요하다. '앞으로 이런 방식으로 진행되겠구나'를 체험적으로 알려드리는 것이다. 채팅창을 열고 각자 자기 이름과 소속 그리고 팀장으로 가진 가장 큰 고민을 써보도록 안내했다. 4. 채팅 기능

에비 Abby 는 공통으로 나온 몇 가지 내용을 언급한다. 오늘은 이

런 내용을 함께 고민하는 시간이 되었으면 한다는 바람도 전했다. 그리고 혹시 긴급한 일로 자리를 비워야 한다면 Zoom 화면 하단에 있는 반응 아이콘 중 느리게 버튼을 눌러주시면 된다고 알려드린다. 〔5. 반응 아이콘 기능 - 느리게〕 이 과정은 상교학습이 매우 중요한 학습방식이기에 자리를 비우기 전에 서로 양해를 구하는 것이 서로에 대한 배려라고 생각하기 때문이다.

강의(Lesson)

에비 Abby 는 첫 번째 질문을 던진다. "여러분이 경험한 탁월한 리더는 어떤 특징을 가지고 있었나요?"

이 질문을 받은 학습자들이 고민하는 것이 느껴진다. 과거의 경험을 돌아보며 누군가를 찾고 그분의 특징을 추려내고 있는 것일 것이다. 만약 아무도 떠오르지 않는다면 위로와 격려가 필요한 사람일 것이다. 이제 각자 노트북에 메모장을 열어 그분의 5가지 특징을 적어보라고 부탁한다. 학습자들은 무언가를 타이핑 하기 시작한다. 5가지를 다 적으신 분들은 손들기 버튼을 눌러주시면 된다고 안내한다. 〔6. 반응 아이콘 기능 - 손들기〕 누가 다 적었고 누가 아직 시간이 더 필요한지 알기 위함이다.

시간이 흐르고 대부분의 참가자 이름 옆에 손모양이 표시되었다. 이

제 에비 Abby 는 소그룹 활동을 위해 소회의실을 만든다. 7. 소회의실 기능

소회의실 3개를 랜덤으로 만들었으니 각 회의실에 3~4명이 들어갈 것이다. 온라인 라이브 강의는 소회의실 입장 전 명확한 운영 가이드를 드리는 것이 중요하다. 총 20분을 드릴 것인데 각자 3분간 자신이 작성한 내용을 공유하고 남은 시간을 활용해 가장 자주 언급되는 5가지 특징을 빈도순위별로 구글 슬라이드에 정리하도록 안내한다. 소그룹 활동 템플릿을 구글 슬라이드로 만들어 제공하면, 소회의실 입장 없이도 각 조의 활동을 확인할 수 있어 학습자들을 잘 도울 수 있다.

8. 구글 슬라이드 활용 구글 슬라이드에는 3장의 슬라이드에 각각 1조, 2조, 3조라고 이름 붙여 구분해놓았다. 소그룹 활동 중 혹시 도움이 필요하면 도움기능 버튼을 활용하면 된다고 마지막으로 설명해 드린 후 구글 슬라이드 링크를 채팅창을 통해 바로 전달했다. 이제 모두 소회의실로 입장한다.

2조에서 도움을 요청하는 메시지가 왔다. 9. 소회의실 도움요청 버튼 질문이 있나 보다. 들어보니 2조의 페이지를 못 찾는 몇 분이 계신다. 1조 페이지를 보고 있으니 서로 대화가 꼬인 것이다. 에비 Abby 는 차분하게 페이지를 찾아가는 방법을 설명한다. 이제 모두 2조 페이지에 접근하셨다. 문제가 해결되었으니 소회의실에서 나와야겠다. 연초에 이런 상황에서 회의 나가기 버튼을 잘못 눌러 전체 회의실이 폭파된 경험이 있다. 실수는 한 번이면 족하다. 에비 Abby 는 조심스럽게 소회의실 나가

기 버튼을 찾아서 눌렀다. 다시 전체 회의실이다. 10. 소회의실 나오기 버튼

시간을 보니 3분이 남았다. 소회의실에 들어간 분들 중 아직 아무도 전체 회의실로 나오지 않은 것을 보니 논의가 뜨거운 모양이다. 이때는 모든 소회의실에 시간을 알려주는 것이 좋더라. "이제 3분 남았습니다. 현재까지 논의한 내용을 구글 슬라이드에 정리해주세요"라는 안내 문구를 전체 소회의실로 보냈다. 11. 브로드캐스트 버튼

3분 뒤 모두 전체 회의실로 모였다. 조별로 돌아가며 구글 슬라이드에 작성한 조의 결과물을 발표했다. 이제 개인별 투표를 할 때다. 우리 조에서 도출한 5가지 탁월한 리더의 특징 중 각자가 가장 가지고 싶은 특징 2가지를 골라 별표 모양 스탬프로 투표하게 했다. 12. 주석 기능 - 스탬프 다들 즐겁게 투표한다. 실은 이 활동이 이번 강의의 목표를 스스로 설정하게 하는 중요한 활동이다. 에비 Abby 는 스스로 참여해야 더 깊은 배움을 얻을 수 있다고 믿기 때문이다.

투표 결과를 보니 가장 높게 나온 2가지 키워드가 '성과창출'과 '인간관계'이다. 에비 Abby 는 화이트보드에 이 두 가지 키워드를 기록했다. 13. 화면 공유 기능 - 화이트보드 , 14. 주석 기능 - 텍스트 이어서 '성과와 관계'에 관한 짧은 강의를 진행했다. 온라인 라이브 클래스에서 일방향 강의는 짧고 굵게 10분 정도가 딱이다.

이어서 리더들에게 'A사의 리더십 모델과 역할'을 정리한 파워포인트 형식의 유인물을 채팅창을 통해 전달했다. 15. 채팅 기능 - 파일공유 용

량이 크면 시간이 꽤나 걸리기에 이미지는 다 빼고 간결하게 텍스트만 입력한 유인물이다. 주요한 단어 몇 개는 빈칸으로 만들어두었다. 조금 더 적극적으로 고민하게 하려는 것이다. 이런 내용은 강사가 설명하기보다 학습자가 직접 읽고 고민해보는 것이 더 좋은 학습방식이다. 자기 머리로 고민하고 이후에 답을 찾아야 자기 지식이 되기 때문이다.

강의 클로징(Closing)

이후 몇 가지 레슨과 활동이 이뤄지고 드디어 첫 번째 모듈이 끝났다. 에비 Abby 는 이번 모듈에서 각자 무엇을 느끼고 배웠는지 둘씩 짝지어 1:1 채팅 Pair Chatting 을 하게 한다. 누가 누가 짝인지 화면에 띄워주면 짝끼리 채팅을 통해 대화하는 방식이다.

[16. 채팅 기능 - 일대일 채팅] 채팅이 편한 젊은 학습자들이 선호하는 방식이지만 사실 학습자 중심의 복습활동이다.

드디어 쉬는 시간이다. 한 참가자가 일대일 채팅으로 에비 Abby 에게 말을 걸었다. "온라인 강의에 이렇게 몰입될 줄 정말 몰랐어요." "그렇다니 다행이네요." 에비 Abby 는 환한 미소를 지으며 답한다. 마치는 시간까지 이 몰입을 이끌어가는 것이 나의 역할이다. 다음 시간은 버추얼 요가로 다 같이 몸 좀 풀고 시작해야겠다.

참관 잘 하셨나요? 같은 대상, 같은 주제의 강의이지만 오프라인 강의와 온라인 강의가 각각 다르게 구성된 것을 확인하셨나요? 보셨다시피 오프라인 강의를 카메라 앞에서 한다고 온라인 강의가 되는 것이 아닙니다. 학습효과를 높이기 위해선 우선 교육과정 설계가 달라야 합니다. 그럼 에비는 어떻게 강의설계를 한 것일까요? 다음 장에서 함께 살펴보겠습니다.

에비 Abby 가 온라인 라이브 강의에 활용한 기능 자세히 알아보기

1. 화면 공유 기능 p216

2. 소리 공유 설정 p218

3. 가상배경 설정 기능 p137

4. 채팅 기능 p165

5. 반응 아이콘 기능 – 느리게 p189

6. 반응 아이콘 기능 – 손들기 p188

7. 소회의실 기능 p141

8. 구글 슬라이드 활용 p233

9. 소회의실 도움요청 버튼 p159

10. 소회의실 나오기 버튼 p146

11. 브로드캐스트 버튼 p161

12. 주석 기능 – 스탬프 p196

13. 화면 공유 기능 – 화이트보드 p216

14. 주석 기능 – 텍스트 p196

15. 채팅 기능 – 파일공유 p169

16. 채팅 기능 – 일대일 채팅 p168

PART 06

오프라인 to 온라인 전환설계

몰입과 참여를 촉진하는
5단계 설계 프로세스

온라인 강의를 설계한다고 할 때 완전히 새로운 강의 콘텐츠를 만들기보다는 기존 오프라인 강의 콘텐츠를 재료로 하는 경우가 많을 것입니다. 저희도 오프라인 강의를 온라인 강의로 전환 ^{轉換, Conversion} 하는 설계 요청을 자주 받고 있지요.

이미 있는 내용을 온라인으로 전환하는 것이 한편으론 쉬워 보이지만 막상 설계를 하다 보면 고민이 생기는 지점들이 있습니다. 특히 교수설계자로서 가장 고민이 되는 지점은 다음 두 가지입니다.

" 온라인에서 학습자들이 몰입할까? "
" 온라인으로 어떻게 참여를 시킬까? "

교수자와 떨어져 강의를 받는 원격교육 Distance Education 이라 오프라인 강의만큼 집중하기가 어려울 것 같고, 오프라인 강의에선 자연스럽던 학습자 참여를 온라인에서 어떻게 구현할지 고민이 되는 것이죠. 결론부터 말씀드리면 이 고민에 대한 해결방안은 콘텐츠의 밀도를 높이는 것과 온라인 라이브 플랫폼 기능을 적재적소에 활용하는 것에서 찾을 수 있을 것 같습니다.

그럼 지금부터 기존 오프라인 강의를 온라인 라이브 강의로 바꾸는 5단계의 교수설계 전환 프로세스를 설명해 드리겠습니다.

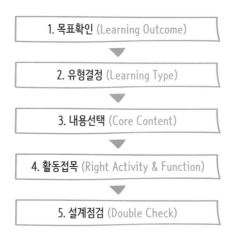

오프라인에서 온라인으로: 전환설계 프로세스

Step 1. 목표확인 (Learning Outcome)

첫 번째 단계에서 교수설계자가 물어야 할 질문은 '왜 이 교육을 하는가?' 입니다. 교육을 통해 얻고자 하는 학습의 결과, 즉 학습 목표를 명확히 하는 것이죠. 이 교육을 받고 난 후 학습자들에게 어떤 변화가 있기를 바라는 것인지를 구체화하는 것입니다.

역량의 3가지 요소인 지식, 기술, 태도를 중심으로 학습 목표를 묻는 다음과 같은 질문이 가능합니다.

학습 목표를 명확하게 하는 질문

1. 교육이 끝났을 때 학습자는 어떤 지식을 알아야 합니까?
2. 이번 교육을 통해 학습자가 꼭 익혀야 할 기술은 무엇입니까?
3. 학습자의 태도나 행동에 어떤 변화가 일어나야 합니까?

기존에 설계한 오프라인 강의에도 당연히 학습 목표가 있겠지만 한 번 더 확인하고 가자는 것이지요. 왜냐하면 지식의 향상, 기술의 습득, 태도의 변화 등 원하는 학습 목표에 따라 온라인 라이브 강의의 형식과 내용이 결정되기 때문입니다.

Step 2. 유형 결정 (Learning Type)

두 번째 단계에서는 "어떤 유형으로 할 것인가?"를 결정해야 합니다. 다수의 학습자에게 특정 지식을 전달하는 것이 목표이고 그 지식을 잘 전달할 교수자가 있다면 웹캐스트 Webcast 방식이 좋은 선택지가 될 수 있을 것입니다. 강연을 넘어 학습자들의 실제적인 질의응답을 통해 전문가의 생생한 노하우를 배우고 싶다거나 여러 전문가의 의견을 종합적으로 학습하려고 한다면 웨비나 Webinar 방식이 더 적합할 수 있겠죠. 교육의 목표가 지식을 넘어 기술과 태도까지 연결된다면 혹은 학습자들이 서로의 경험과 노하우를 공유하는 상교학습이 중요한 과정이라면 오히려 버추얼 클래스 Virtual Class 형태가 효과적일 것입니다.

여기서 빠지기 쉬운 함정은 아무래도 공간의 제약 없이 다수의 참가자가 쉽게 접속할 수 있다는 온라인의 특성 때문에 버추얼 클래스로 진행해야 할 강의를 일방향 전달방식의 웹캐스트로 진행해버리거나 손쉽게 유사한 제목을 가진 이러닝으로 대체하는 것입니다. 교육을 물량으로 찍어 내다보면 가장 많이 생산되는 제품 ? 은 교육회의론자들일 수 있습니다. 혹시 여러분 주변에도 이렇게 생산된 교육회의론자들이 꽤 있지 않나요?

그래서 교육기획자와 교수설계자는 단순히 오프라인 강의의 차선책이자 대체재로서 온라인 강의를 바라보는 관점을 벗어버려야 합니

다. 우리가 진짜 고민해야 할 부분은 오프라인 강의와 이러닝 ^{Recorded} ^{Online}, 그리고 온라인 라이브 강의를 아우르는 최적의 콤비네이션을 찾는 것이 아닐까요?

Step 3. 내용선택 (Core Content)

세 번째 단계에서는 "무슨 내용을 다룰 것인가?"를 선택해야 합니다. 우선 오프라인 강의에서 다룬 내용 중에서 꼭 알아야 할 내용 ^{Must Know} 과 알면 좋을 내용 ^{Nice to Know} 을 구분합니다. 이 둘을 구분할 때는 학습 목표, 학습자의 수준과 상황, 내용 전문가 ^{Subject Matter Expert} 와 교수자 ^{Facilitator} 견해 등이 종합적으로 반영되지요.

이렇게 학습 내용을 선별하는 이유는 첫째, 현실적으로 오프라인 강의시간보다 온라인 라이브 강의시간이 단축되는 경향성 때문이고 오프라인에 비해 오래 집중하기 어렵다는 고정관념이 있지요. 경험상 학습자의 동기수준과 강의 운영 방식에 따라 장시간 연속강의도 가능합니다 둘째, 더 중요한 내용을 더 깊게 배우고 습득하기 위함입니다. 명확하게 초점을 맞춘 밀도 높은 강의가 학습자의 딴짓에 대한 최고의 처방이죠. 오프라인 강의의 엑기스를 모아 온라인 라이브 강의의 질을 높이자는 것입니다.

학습 내용이 결정되었다면 "어떤 순서로 다룰 것인가?"를 결정합니다. 학습 내용의 계열화 ^{Sequences of Instruction} 라고 하지요. 연대순이나 주제 순으로, 단순한 것에서 복잡한 것으로, 전체에서 부분으로 등등 몇 가지 계열화 방식들이 있습니다만 가장 확실한 방법은 오프라인 강의에서 효과적이라고 이미 검증된 순서를 따라가는 것입니다.

아무래도 오프라인 강의에 충분한 경험이 있는 교수자는 핵심내용을 선택하는 것과 학습 순서를 결정하는 것을 동시에 하게 되는 것 같습니다. 학습자와 대면한 수많은 경험이 암묵지로 자리 잡아 정확한 기준점을 잡아주는 것이죠.

그래서 해당 주제에 경험 있는 교수자들이 함께 모여 각자의 경험을 나누면서 내용을 선별하고 학습 순서를 결정하는 것이 온라인 라이브 강의의 질을 높이는 가장 효과적인 방법인 것 같습니다.

Step 4. 활동접목 (Right Activity & Function)

네 번째 단계에서는 "어떤 활동을 어떻게 할 것인가?"를 설계합니다. 넓은 강의장에서 몸을 움직이며 다양한 도구들을 활용하는 오프라인 강의 참여활동에 비해 온라인 라이브 강의는 자리에 앉아있다는 측면에서 신체적인 참여활동의 제약이 있는 것이 분명합니다. 그런데 또 한편 오프라인 강의에 비해 다양한 기능과 도구를 사용해 꽤 쉽고 편하게 다양한 참여활동을 할 수 있다는 것도 분명하지요. 일장일단이 있다는 것입니다.

온라인 라이브 강의에 다양한 참여활동들을 설계하기 위해선 우선 알아야 할 것이 있습니다. 온라인 라이브 플랫폼에 있는 다양한 기능들입니다. 기본적으로 설치가 되어있는 채팅, 주석, 투표, 손들기, Yes/No, 화이트보드, 소회의실 등의 기능만 잘 활용해도 상당히 깊이 있는 상호작용이 이루어집니다. 여기에 Google Sheets, Slido, Jamboard 등 여러 애플리케이션 기능을 조합하면 훨씬 더 다양한 조합의 학습자 참여도 가능하지요. 각 기능의 특징과 이를 활용한 퍼실리테이션 방식은 3장에서 자세히 설명 드립니다

교수자는 학습자의 학습을 가장 잘 촉진할 수 있는 활동과 기능을 매칭하면 됩니다. 여기서 주의할 부분은 기능을 선보이기 위한 참여는 지양해야 한다는 것입니다. 교수자의 고민은 학습자들의 학습을 돕기에 가장 적합한 기능을 선택하고 활용하는데 머물러야 합니다. 교수자는 플랫폼 기능 마스터가 아니라 학습촉진 마스터가 되어야 하니까요.

Step 5. 설계점검 (Double Check)

교수설계 전환 프로세스의 마지막 단계는 "학습이 일어날 것인가?" 측면에서 설계를 점검하는 것입니다. 우선 학습내용을 중심으로 만들어진 설계를 학습경험의 측면에서 바라보는 것이 필요합니다. 논리적으로 정렬한 내용을 감성적으로 조율하는 단계이지요. 학습자의 입장이 되어서 그 설계안으로 쑤~욱 들어가 보는 것입니다.

혹시 너무 어려운 부분은 없는지? 지나치게 쉬워서 지루할 부분은 없는지? 참여활동 가이드가 모호하여 헷갈리지는 않을지? 더 효과적으로 몰입하게 만들 방법은 없는지? 어느 부분에서 아하!하는 포인트가 발생할지? 등을 학습자의 입장에서 시뮬레이션 해보는 것이지요.

특히 이때 최대한 까칠한 학습자로 빙의하여 살펴보는 것을 추천해 드립니다.

그러면 처음 설계할 때는 보이지 않았던 숨은 암초들이 보이기도 합니다.

이것이 잘되지 않으면 "나는 잘 준비했는데 왜 이러지?"라는 미궁에서 헤매다 "역시 배울 준비가 덜 된 인간들이었어"라는 네 탓 결론으로 귀결될 수 있습니다. 내 탓이 아니니 마음의 평화는 얻겠지만 탁월한 교수자가 되기는 어렵겠지요.

오프라인에서 온라인으로: 전환설계 프로세스

	프로세스	핵심질문	결과물
1	목표확인 (Learning Outcome)	왜 이 교육을 하는가?	학습 목표 재확인
2	유형결정 (Learning Type)	어떤 유형으로 할 것인가?	웹캐스트(Webcast), 웨비나(Webinar), 버추얼클래스(Virtual Class) 선택
3	내용선택 (Core Content)	무슨 내용을 다룰 것인가?	꼭 알아야 할 내용(Must Know) vs. 알면 좋을 내용(Nice to Know) 구분
		어떤 순서로 다룰 것인가?	학습 내용의 계열화
4	활동접목 (Right Activity & Function)	어떤 활동을 어떻게 할 것인가?	온라인 라이브 플랫폼 기본 기능과 애플리케이션 기능 선택
5	설계점검 (Double Check)	학습이 일어날 것인가?	학습자 관점에서 논리적으로, 감성적으로 시뮬레이션

그래서 공감력이 곧 설계력이고, 설계력이 곧 강의력인 것 같습니다. 학습자를 정말 돕기 원한다면 학습자의 마음과 생각을 잘 살핍시다. 그래서 교육은 결국 손발이 살짝 오그라들지만 사랑에서 출발하는 것 같습니다.

이상 오프라인 강의를 온라인 라이브 강의로 전환하여 재설계하는 5단계 프로세스를 살펴보았습니다. 혹시 글을 읽으며 이런 질문이 떠오르셨던 분 계신가요?

아~ 그런데 정말 이렇게 해요?

날카로운 질문입니다. 현실에선 이 과정이 계단 오르듯 단계별로 딱딱 진행되지 않을 때도 많습니다. 교수설계자의 역량에 따라 직관적으로, 감각적으로 설계되는 측면도 분명히 있지요. 다들 급하면 2~3계단 그냥 막 뛰어 올라가잖아요? ☺

아무래도 교수설계자가 오프라인 교육에 경험치가 높고 이미 보유한 콘텐츠들이 많다면 내용선택 Step 3 과 활동접목 Step 4 은 거의 동시에 일어날 수 있습니다. 그리고 학습자 입장에서의 설계점검 Step 5 도 꼭 마지막 단계뿐 아니라 설계과정 사이사이에 일어날 것입니다.

그럼에도 온라인 라이브 클래스에 익숙하지 않은 교수자분에게는 꼭 필요한 단계와 해당 요소를 명확하게 구분하여 설명해 드리는 것이 도움이 되실 것 같아서 5단계로 정리해보았습니다.

시간이 지나고 경험이 쌓이면 이런 레시피가 없어도 되는 날이 오겠죠? 뚝딱뚝딱 그냥 느낌 가는 대로 만들어도 맛난 강의를 만들 수 있는 날이 오면 좋겠습니다. 저희도 어서 그러고 싶네요.

PART 07

잘 나가는 교수자의
남다른 교수설계

가르치지 말고 배우게 하라

최근 빅데이터 분석과 머신러닝을 강의하시는 아홉 분의 IT 강사님들을 만날 일이 있었습니다. "효과적인 비대면 교수법"에 대해 강의요청을 받았거든요. 오프라인 강의의 베테랑 강사님들이 코로나19의 영향으로 갑작스럽게 시스코의 웹엑스 Webex 플랫폼을 통해 강의를 하게 되셨더군요. 그러다 보니 온라인 라이브 클래스의 교육효과를 높이기 위한 고민들이 있으셨던 모양입니다.

강의를 의뢰한 담당자의 이야기를 들어보니 온라인 라이브 클래스에서도 여전히 학습자들의 만족도가 매우 높은 강사진이 있는 반면 기존 오프라인 강의 수준의 피드백도 받지 못하는 강사진도 생겼다고 합니다. 그래서 서로 간에 강의방식을 공유하며 벤치마킹할 수 있으면 좋겠다고 하시더군요.

기본적으로 해당 주제에 관한 지식이 뛰어난 강사님들이기에 학습 내용이 아니라 학습자와의 상호작용을 어떤 방식으로 하느냐가 중요한 변수가 된다는 내부적인 판단도 있으셨고요. 그래서 저에게 상교 학습을 끌어내는 상호작용에 대해 배울 수 있게 해달라는 요청을 주셨답니다.

교수자와 학습자 사이의 상호작용 Interaction

> > >

일단 교수자인 저도 IT 교육이 온라인 라이브로 어떻게 이뤄지는지 알아야 했기에 사전에 양해를 구하고 '학습자들에게 가장 좋은 피드백을 받는 한 강사님'의 강의를 웹엑스를 통해 참관해보았습니다. 이분은 업계에서도 이미 탁월한 강의력으로 검증된 분이었습니다.

2시간 정도 강의를 참관하면서 학습자들과 어떻게 상호작용 하는지를 중점적으로 확인했네요. 역시 잘하시더라고요 학습자들 이름 부르기, 개인별 이해도 확인, 강의에 관한 고충 해결 등 .

소수의 인원 10-12인 을 대상으로 여러 회 2주간 10회 로 진행하는 강의라 학습자들을 개별적으로 챙겨가며 강의를 자연스럽게 이끌어 가는 태도와 기술이 학습효과에도 분명한 영향을 줄 수밖에 없었습니다. 이것은 온라인 라이브 클래스의 효과성을 높이는 실재감의 3요소 중 교수 실재감 Teaching Presence 에 해당하는 것이지요.

교수방식의 변주 Variation

>>>

강의 당일 다양한 강의기법을 알려드리며 간단한 설문을 진행해보았습니다. 자신의 강의에 어떤 강의기법을 어느 정도의 비율로 사용하는가에 관한 것이었는데요.

인상적인 부분은 강사님들에 따라 강의하기 Lecture 가 최대 88%에서 최소 45%까지 나왔습니다. 공교롭게도 가장 탁월한 강사라고 인정받는 강사님이 적어낸 강의하기 Lecture 의 비율이 45%로 가장 낮았습니다. 나머지 비율은 시연하기, 연습시키기, 집단토의로 적으시더군요.

물론 '자가진단 Self Assessment '이라 여기서 나온 수치 그 자체가 큰 의

미가 있다고 보기는 힘듭니다. 하지만 적어도 교수자가 '어떤 의도'를 가지고 '어떤 방식'으로 자신의 강의를 꾸려가려는지에 대한 경향성은 볼 수 있었던 것 같습니다. 그리고 그것을 파악하는 것이 이 설문의 목적이었고요.

이후 서로가 기재한 비율 차이를 보면서 "무엇이 가장 좋은 방식일까?" 그리고 "무엇을 시도해 볼 수 있을까?"라는 논의를 이어갔습니다.

가르치지 말고 배우게 하는 교수설계

> > >

온라인 라이브 클래스에 관한 여러 책과 아티클은 한결같이 학습자들이 참여하는 상호작용의 중요성을 이야기합니다. 강사가 가르친다고 학습자들이 배우는 것이 아님을 우리는 이미 수많은 경험을 통해 알고 있지요. 그래서 교수설계의 목적은 잘 가르치는 데 있지 않고 잘 배우게 하는 데 있다고 생각합니다. 교수자는 다양한 교수법의 변주를 통해 학습자에게서 '강의에 대한 흥미'와 '참여를 통한 학습'을 동시에 끌어낼 방법을 고민할 책임이 있습니다.

가르치는 사람이 가장 많이 배운다는 말이 있지요? 교수자로서 저는 이 말에 매우 동의합니다. 교수자가 강의를 준비하며 무엇을 가르치고 어떻게 가르칠까를 고민하고, 또 강의시간에 교수자의 머리에서

입으로 콘텐츠를 끌어내는 중에 교수자에게는 진짜 학습이 일어납니다. 정보를 다양한 방식으로 다루는 이런 과정이 교수자를 깊이 있는 배움으로 이끌어주기 때문이지요.

장기 기억의 형성은 반복 훈련과 정보를 심층적으로 처리하는 것이 핵심이라고 알려진 것과 일맥상통하는 이야기입니다.[12] 이런 과정을 다른 말로 능동적 처리과정 Active Processing 이라고 합니다.[13] 자신의 경험이 자기 안에서 재구성되도록 지속적으로 성찰하는 과정을 말하지요.

캘리포니아주립대학 교육학과 명예교수이자 케인학습센터의 연구소장인 레나트 케인 Renate N. Caine 은 능동적 처리과정을 설명하며 "피드백을 받고 요약하고 생각하고 질문하고 조사하고 부가정보를 얻어 다른 관점에서 보고 자신이 경험하고 있는 것을 처리할 많은 기회를 학습자에게 보장해주는 것이 교수자의 핵심과제다"라고 말합니다.

매우 동의합니다. 이런 능동적 처리과정이 학습자의 내면에서 일어나게 돕는 것이 교수자의 역할입니다. 바로 학습자의 학습경험을 설계하는 것이지요. 저희도 교수설계를 할 때마다 늘 이 고민을 합니다. 우리가 설계한 강의, 질문, 활동이 과연 학습자에게 어떤 학습경험을 제공할까? 라는 고민이요.

표면적인 지식이 아니라 행동으로 옮겨지는 실천적인 배움이 일어나려면 교수설계의 초점이 '가르치는 것'에서 '배우게 하는 것'으로, '학습의 내용'을 넘어 '학습자의 맥락' 안으로, '교수자의 설명'에서 '학습자의 경험'으로 옮겨져야 합니다.

교수설계의 초점

교수자의 가르침 Teaching → 학습자의 배움 Learning

학습의 내용 Content → 학습자의 맥락 Context

교수자의 설명 Explanation → 학습자의 경험 Experience

Mark's TIP

Q. '가르침에서 배움으로' 초점을 옮긴 교수설계를 잘하려면?

개인적으로 과정설계자에게는 3가지 역량이 필요하다고 생각합니다.

첫 번째는 핵심질문 생성능력입니다. 학습자들이 스스로 답을 말하고 싶고 또 동료들의 답을 듣고 싶은 질문을 뽑아내는 능력, 그리고 질문을 적절히 배치하고 질문과 이어지는 활동들을 설계하는 능력입니다.

두 번째는 학습자 공감력입니다. 학습자들의 마음을 읽고 생각을 감지하는 능력이지요. 학습자가 팔짱을 풀고 입을 열며 머리를 쓰게 만드는 강의는 결국 교수자의 학습자 공감력에서 출발합니다.

세 번째는 학습 전이 전략 수립능력입니다. 교육의 목적은 학습 전이 Learning Transfer 즉, 배운 것을 현장에 적용하는 것입니다. 그래서 강의 자체뿐 아니라 강의 전과 후를 함께 바라보며 학습자의 경험을 설계하는 것이 중요합니다.

말씀드린 3가지 역량을 포함하여 학습 전이를 중심으로 한 교육과정 설계방법을 더 학습하고 싶으시다면 〈러닝 퍼실리테이션: 가르치지 말고 배우게하라 플랜비 디자인, 2019 〉를 쑥스럽지만 조심스럽게 **추천 드립니다.**

"일을 계획할 때는 세밀하게 해야 하고,
일을 실천할 때는 쉽고 편하게 해야 한다.

사토 잇사이(佐藤一齊)

PART 08

온라인 라이브 클래스
실제 설계안 분석
설계안 구성과 핵심 포인트

이번 장에서는 리얼워크 공개과정인 '온라인 라이브 러닝퍼실리테이션 Online Live Learning Facilitation ' 설계안 일부를 살펴보겠습니다. 소개하는 모듈은 학습자들이 온라인 라이브 강의가 효과적으로 일어나기 위한 3가지 조건을 이해하도록 하는 것을 목표로 하고 있습니다.

우선 퍼실리테이터 Facilitator 와 프로듀서 Producer 가 어떻게 협업하는지 그리고 학습자 Learner 의 참여를 어떻게 설계하였는지를 중점적으로 살펴보시면 좋을 것 같습니다. 프로듀서의 역할은 4장에서 자세히 다룹니다 다 읽고 나선 다음 장에 5개의 퀴즈가 준비되어 있으니 한번 풀어보시죠.

Course Title: 온라인 라이브 클래스 (OLC) 공개과정

- **Session Title:** 교수자의 믿음과 기술
- **Time:** 2020년5월 22일 (6H)
- **Platform:** Zoom
- **Instructional Design:** 이연임 (withrealwork@gmail.com)

No.	Topic	Slide	Time	Int.	Facilitator
9	조별 활동- 온라인 라이브 교육의 장점과 단점	16-19	8:32	0:18	1. 조별 활동 안내와 조 구성 설명 2. 조별 토론 주제 소개: 온라인 라이브 교육의 장점과 단점은? (각 5개 이상) [EI] (필기) 조별로 서로 다른 입장(학습자/교수자/HRD 담당자 입장)에서 장단점을 생각한 뒤 종이에 적어보게 하기 3. 각 조 조장 안내: 조장 이름 호명
10	조별 활동 결과 발표	20	8:50	0:09	1. 발표 순서 안내 및 발표할 조 호명 [EI] (발표) 조별로 2분씩 발표해주세요.
11	OLC 환경에서 효과적으로 학습이 일어나기 위한 조건: 믿음, 밀도, 빈도	21-26	8:59	0:06	1. OLC환경에서 효과적인 학습이 일어나려면 필요한 것 생각해보게 하기 [EI] (채팅) 그럼에도 불구하고, OLC환경에서 효과적으로 학습이 일어나려면? 3. [L] OLC 환경에서 학습이 일어나기 위한 조건 #2 & #3 설명 - 콘텐츠 밀도: 쓸데없는 소리 안하기 - 참여 빈도: 3~5분 간격 참여 필요
12	Coffee Break	27	9:05	0:10	
13	채팅창 질문 다같이 답 해보기	-	9:15	0:05	4. 자신의 경험과 의견 공유
14	OLC이 새롭게 각광 받고 있는 상황 소개	28-32	9:20	0:03	1. zoom 회사 주가 보여주기
15	Pair Chat	33-35	9:20	0:15	5. Pair Chat 종료 안내 6. Pair Chat 한 내용 발표 요청 [EI] (발표) 발런티어 혹은 학습자 몇 명을 호명하여 Pair Chat한 내용 발표 시키기. 덧붙이고 싶은 내용이 있는 학습자는 없는지 확인

Producer (Co-FT)	Learner
3. 분반 세팅: (Zoom의 소회의실) 사전에 구성한 대로 각 조에 학습자 할당 4. 분반 시작 [EI] (소그룹) 각자 적은 온라인 라이브 교육의 장점과 단점을 소그룹에서 나눠주세요. 한 사람당 발표 시간은 2분입니다. 각 조 조장은 조에서 나온 내용을 정리해주세요. 5. 3분 전에 남은 시간 브로드캐스팅	1. 자신이 속한 조 확인하기 2. 조별 활동 주제 생각하기 [A] (쓰기) 조에 할당한 주제에 대한 자신의 생각 종이에 적기 3. 조별 활동 [A] (말하기) 적어둔 장단점 돌아가며 나누기
2. 발표를 들으면서 주요 내용 정리 후, 채팅창에 공유	1. 조별 활동 결과 발표 [A] (발표하기 & 듣기) 발표자가 조 토론 결과 발표
2. [L] OLC 환경에서 학습이 일어나기 위한 조건 #1 & #2 설명 - 교수자 믿음: OLC 교육효과성에 대한 믿음, 할 말 안 할말 가리기 - 콘텐츠 밀도: ATD 사례 소개 4. 쉬는 시간 안내: 10분	1. OLC환경에서의 효과적 학습 생각해보기 [A] (쓰기) OLC환경에서 효과적으로 학습이 일어나려면 필요한 것 채팅창에 적기
1. 채팅창 내용 확인 후 대응(함께 생각해 보면 좋을 것 같은 질문이 있는 경우 뽑아두기)	
1. 채팅창 질문 중 하나를 뽑아 다같이 답 해보기 [EI] (채팅) 답 써보기 2. 채팅창에 올라온 답 몇 개 골라 읽고, 의견 제시 3. FT에게 추가 의견 있는지 질문	1. 뽑힌 질문 답 생각해보기 [A] (쓰기) 자신의 아이디어 채팅창에 적기
2. Google 메인 화면 변경된 부분 설명 3. 왜 코로나 이전에는 OLC을 많이 하지 않았을까? 질문 던지기	1. 코로나 이전에 OLC이 활성화되지 않았던 이유 생각해보기
1. Pair Chat 활동 안내: 1:1 채팅 방법, 짝꿍 안내 2. 1:1 채팅이 모두 잘 되고 있는지 확인 [EI] (1:1 채팅 & 인스턴트 피드백) 짝꿍끼리 "안녕하세요" 인사해주세요. 인사가 끝나시면 "예" 피드백 해주세요. 3. 학습자 모두가 "예" 표시를 하면, Pair Chat 시작 [EI] (1:1 채팅) 이제부터는 짝꿍과 "왜 코로나 이전에는 OLC을 많이 하지 않았을까?" 이야기 나눠보세요. 4. 공유 화면에 Pair Chat 활동 끝나는 시간 적어주기	1. Pair Chat 준비 [A] (쓰기) 채팅으로 짝꿍과 인사하기 2. Pair Chat [A] (쓰기 & 대화하기) 코로나 이전에 OLC이 활성화되지 않았던 이유에 대해 채팅창에서 대화 나누기 3. Pair Chat 결과 공유 [A] (발표하기) 호명된 경우 Pair Chat 결과 이야기하기

QUIZ ✏

1. 온라인 라이브 클래스 과정은 총 몇 시간으로 이루어져 있을
   까요?

   ① 2시간   ② 4시간
   ③ 6시간   ④ 8시간

2. 이 과정은 버추얼클래스 형태로 진행됩니다. 이때 사용하는
   온라인 라이브 플랫폼은 무엇일까요?

   ① Zoom   ② Cisco Webex
   ③ Microsoft Teams   ④ GoToMeeting

3. 설계서를 보면서 궁금한 것이 생겼습니다. 과정설계자
   Instructional Designer 에게 어떻게 연락할 수 있을까요?

   ① 카카오톡   ② 핸드폰
   ③ 이메일   ④ 회사방문

4. 설계안에 [EI] 라고 표시된 부분이 있습니다. 이는 무엇의 약
자일까요?

① Emotional Intelligence (감성지능)

② Employ Involvement (직원참여)

③ English Idioms (영어 관용어)

④ Engagement Intervention (참여개입)

5. 이 모듈은 8시 30분부터 9시 35분까지, 쉬는 시간 10분을
제외하면 총 55분간 진행된 과정입니다. 이 시간 동안 학습
자들의 참여활동은 총 몇 번 일어났을까요?

① 3회   ② 5회

③ 8회   ④ 10회 이상

QUIZ 풀이

....

1. ③ 6시간

온라인 라이브 클래스에서 참여와 몰입을 이끄는 방법을 실습을 통해 학습하는 리얼워크의 '온라인 라이브 클래스' 공개과정은 기존에 6시간으로 진행되었습니다. 현재는 이틀에 걸쳐 각 4시간씩 총 8시간으로 진행하고 있답니다.

2. ① Zoom

서울대학교 이찬 교수 연구팀이 2020년 6월에 123개 기업과 기관을 대상으로 실시한 '포스트코로나 워러밸 Work & Learning Balance 한국실태조사'에 따르면 비대면 교육을 위해 사용하는 플랫폼 중 1위가 Zoom [45.5%], 2위가 YouTube [19.5%], 3위가 Cisco Webex [17.9%] 입니다. 아무래도 Zoom이 타 플랫폼에 대비 가성비와 소회의실 기능 측면에서 괜찮은 선택지가 되는 것 같네요.

3. ③ 이메일

같은 과정을 여러 교수자가 강의할 수 있기에 궁금한 부분을 과정설계자에게 물어야 할 때가 있습니다. 그래서 과정설계서에 이메일을 공개해 놓았답니다.

4. ④ Engagement Intervention (참여개입)

교수자가 학습자의 참여를 끌어내기 위해 채팅, 발표, 필기 등의 방식을 권하는 행동을 참여개입 EI, Engagement Intervention 이라고 표현했습니다. 학습자들이 이 참여를 통해 무엇을 생각하고, 느끼고, 배우게 할 것인가를 세밀하게 고려하여 설계에 반영하는 것이 학습자의 학습경험을 설계하는 것이겠지요.

5. ③ 8회

설계서의 가장 우측 학습자 Learner 칸을 보시면 [A]라고 표시된 참여활동 Activity 이 총 8번 나오는 것을 확인할 수 있습니다. 하지만 구조화된 형태 그대로 강의를 진행하는 것이 최선의 방법은 아닙니다. 사전에 디테일하게 설계하되 현장에선 학습자들과 호흡을 맞춰가며 자연스럽게 진행하는 것이 더욱 효과적인 경우가 많지요. 과학적으로 설계하고 예술적으로 촉진한다고 할까요? 그런 의미에서 ' ④ 10회 이상' 도 정답입니다.

PART 09

온라인 라이브 클래스를 설계하는 12가지 실전 노하우

시행착오를 통해 깨달은 날것의 기록

저희는 분반으로 진행하는 버추얼 클래스를 마치면 각 반에서 강의를 진행한 교수자 Facilitator 들이 함께 모입니다. 리얼워크의 리추얼 Ritual, 의식 같은 것이지요. 이때 서로가 강의 중에 있었던 이야기들을 격의 없이 과감하게 나누곤 합니다. 서로에게 고해성사를 하는 시간이자 서로에게 힘을 주는 시간이지요.

무엇보다 이 자리는 펄떡이는 실전 노하우들이 쏟아지는 자리입니다. 지금까지 우리가 나누었던 이야기들을 4가지 주제의 12가지 내용으로 정리해보았습니다. 조금 거친 정리일 수 있지만, 다수의 온라인 라이브 강의, 특히 적은 인원으로 높은 상호작용을 끌어내는 형태의 버추얼 클래스를 여러 번 경험한 교수자들이 함께 남긴 후기이니 각자의 상황에 맞게 분별하여 참고하시면 좋겠습니다.

TOPIC 1. 온라인 라이브 강의에서도 교수설계의 원리는 작동한다.

> > >

1. 학습자의 문제를 풀어가는 교수설계 Problem Centered Design 가 핵심이다.

학습자가 실제 고민하는 내용이 논의의 테이블 위에 올라오면 강의의 절반은 성공이다. 무엇을 고민하는지 사전에 분석하고 _{학습자 분석, 요구분석} 그 내용을 강의에 담아야 한다. 잘 모르겠으면 오늘 가장 알고 싶은 것은 무엇인지 물어보자. 잘 가르치는 것에 앞서 잘 물어보는 것이 교수자의 역할이다.

2. 학습자가 참여하는 교수설계 Learner Centered Design 가 필요하다.

학습자의 문제를 학습자들이 함께 풀어가는 탐구공동체가 되도록 돕자. 학습자의 관심을 집중시키기 위한 단순한 참여의 수준을 넘어, 깊은 고민을 나누고 서로의 노하우를 공유하며 서로의 암묵지를 모아 형식지로 만들어가는 과정에서 실천적 깨달음을 얻게 되는 참여를 지향하자.

TOPIC 2. 전달하는 콘텐츠의 밀도를 강화하자.

>>>

3. 강의내용을 20~30분 단위로 분리 Chunking 하여 학습객체를 컴팩트하게 만들어라.

분리된 학습객체 Learning Object 는 그 자체로 명확한 학습 목표를 가지고 있어야 한다. 그 목표에 따라 꼭 알아야 할 핵심적인 내용 Must to know 만 담아내고 그 내용을 잘 배울 수 있는 참여활동을 설계해라. 그러려면 알면 좋을 내용 Nice to know 은 과감하게 버릴 줄도 알아야 한다.

4. 아무리 좋은 강의 Lecture 라도 15분을 넘지 않게 해라.

온라인 강의는 오프라인 강의에 비해 참가자의 반응을 감지하기 힘들다. 그러다 보면 '이해를 못 했나?' 싶어 교수자의 말이 길어지기 쉽다. 말이 길어지면 현재 내가 말리고 있다고 생각해라. 진짜 말리고 있는 것이다.

5. 학습자의 눈을 사로잡는 시각적 자료를 준비하자.

온라인 강의에는 몰입을 유지시키는 다양한 장치가 필요하다. 학습자가 흥미로워 할 이미지나 사진 등을 적극적으로 사용하자. 교수자가 직접 등장하는 사진을 사용하는 것도 교수 실재감 측면에서 매우 권장한다.

6. 쉬는 시간을 반드시 지켜라.

쉴 땐 확실히 쉬자. 작은 모니터를 보면서 이어폰으로 들리는 목소리에 장시간 집중하기는 쉽지 않다. 가능하면 평소 오프라인 강의보다 조금 더 여유 있게 쉬는 시간을 주자. 성인 기준 50분 강의 후 최소 15분 휴식 시간을 갖자.

TOPIC 3. 학습자 참여의 빈도를 높이자.

>>>

7. 강의 시작과 동시에 참여를 유도하라.

채팅이나 투표를 사용하여 즉시 참여하게 하는 것이 좋다. 앞으로 이 강의가 어떤 방식으로 진행될지 몸으로 이해하게 하자. 정 아이디어가 없다면 '오늘 점심은 어떤 메뉴로 드셨어요?' 라는 질문도 좋다.

8. 3~5분 사이에 새로운 자극이 있게 하라.

참여를 너무 어렵게 생각하지 말자. 눈으로 읽는 것, 입으로 말하는 것, 귀로 듣는 것, 손으로 치는 것, 머리로 생각하는 것도 다 참여다. 학습자의 눈, 입, 귀, 손, 머리를 오가며 자극을 제공하자. 연속해서 한 가지 자극만 주지 말라는 뜻이다. 가능하면 참가자 창 하단의 반응 아이콘도 자주 활용하길 권한다.

9. 학습자에게 개인 작업 시간을 제공하라.

혼자서 생각하고 정리하고 탐구할 내용과 시간을 제공해라. 강사가 열심히 설명하는 것보다 제대로 만든 읽을거리 Reading Material 를 적절한 질문과 함께 제공하는 것이 더 깊은 배움을 줄 수 있다. 말은 금방 사라지지만 글은 몇 번이고 곱씹으며 반복해서 볼 수 있다. 배움은 결국 학습자 속에서 일어나야 한다.

10. 소회의실을 잘 사용하자.

소회의실은 참여에 소외된 사람들이 참여할 기회를 제공한다. 논의 주제, 토론방식, 최종결과물, 허용시간 등 명확한 가이드와 함께 소회의실의 문을 열도록 하자. 주제에 따라서 5~20분 정도의 시간이 적당하더라.

TOPIC 4. 기능이 학습을 돕게 하자.

> > >

11. 기능을 몰아서 설명하기보다 활용 직전에 설명하고 시연하자.

기능설명을 몰아서 하면 강의 시작도 전에 지친다. 학습 효능감을 떨어뜨릴 수 있다. 학습자들이 기능을 사용해야 하는 타이밍 직전에 시연을 통해 설명하는 것이 가장 좋다.

12. 기능을 마음껏 경험할 놀이터를 제공하자.

기능을 알려줄 때 '이것을 이렇게 한번 눌러보세요' 대신 '여기 보이는 것을 마음껏 눌러보세요'라고 하자. 그래 봐야 1~2분이면 충분하다. 기능은 손으로 배우는 것이 제일 좋다. Learning by Doing!

두 번째 인터뷰
미래교육 인사이트 윤성혜 박사

1. 박사님과 박사님의 최근 활동에 대한 소개를 부탁드립니다.

저는 LET's Lab Leading Educational Technologist's Lab 이라는 1인 기업을 운영하고 있고, 이화여대 교육공학과에서 학생들을 가르치고 있습니다. 그 밖에 <미래교육 인사이트>라는 팟캐스트 방송을 진행하면서 미래교육과 관련한 다양한 이야기들을 나누고 있기도 합니다.

교육공학을 전공하면서 온라인 교육은 항상 저의 관심 주제 중 하나였습니다. 박사학위 세부 전공으로 '뉴미디어기반교육'을 공부했고, 2010년대 초반에는 이화여대 원격평생교육원에서 연구원으로 있으면서 이러닝 기획과 설계를 맡아서 한 경험도 있습니다. 온라인 라이브 강의를 본격적으로 하게 된 건 코로나19라는 전례 없는 상황을 맞아 대학에서 전체 온라인 수업이 결정된 2020년부터였습니다. 대학 강의는 주제에 따라 비실시간과 실시간 수업을 병행하면서 진행했습니다. 그 외에 성인 교육자를 대상으로 100% 라이브 강의로 교육공학 수업을 한 적도 있습니다.

2. 온라인 라이브 강의에서 교수설계가 중요한 이유는 무엇인가요?

온라인 라이브 강의뿐만 아니라 모든 교육 장면에서 교수설계는 언제나 중요했습니다. 그런데 온라인 라이브는 오프라인과는 달리 더 신경 써야 할 요소들이 많아 더 철저한 설계가 필요해졌습니다. 면대면 상황에서는 자연스럽게 이뤄지던 상호작용이 온라인에서는 테크놀로지를 매개로 해서 이루어지기 때문입니다. 무언가를 매개로 한다는 것은 이전에는 없었던 제약이나 불편함이 발생할 수도 있다는 의미가 됩니다. 이런 불편함을 최소화하고 학습효과를 극대화하기 위해서는 새로운 환경에 맞는 설계가 이루어져야 합니다. 특히 학습자들에게 온라인 라이브 수업이 익숙지 않은 경우 더 많은 배려가 필요합니다. 또 면대면 수업에서는 자연스럽게 상황을 보면서 유연하게 대처하던 경우도 온라인에서는 전환하는 데 시간이 더 걸릴 수 있기 때문에 이를 최소화하기 위해서는 그만큼 철저하게 계획을 세우고 준비해야 합니다.

3. 온라인 라이브 교수설계 시 가장 중요하게 생각하시는 것은 무엇인가요?

첫째는 학습자의 집중 시간을 고려한 시간 계획입니다. 동기 수준이 높은 학습자라도 같은 종류의 자극이 반복되면 집중력이 저하됩니다. 일반적으로 온라인 환경은 오프라인 환경보다 더 집중력이 저하되기가 쉬운데요. 그래서 학습 경험을 설계할 때 활동의 시간 단위를 더 잘

게 계획하는 것이 좋다고 느꼈습니다. 꼭 전달해야 하는 내용이 많더라도 전달식 강의를 오랫동안 하게 되면 집중력이 떨어지므로, 중간에 참여형 활동을 포함시킨다거나 동영상을 보여주는 등 자극의 종류를 바꿔주는 게 집중력 유지에 도움이 됩니다. 학습자가 주도적으로 참여하는 활동의 경우에도 같은 형태의 활동이 너무 오래 지속되면 지칠 수 있습니다. 이때도 중간중간 짧은 강의를 포함시키거나 리프레시 하는 장치가 필요합니다.

둘째는 학습자에 대한 조금 더 구체적인 안내입니다. 새로운 툴을 사용할 때 해당 툴에 대한 충분한 안내는 물론이고, 기대하는 활동 방법과 결과에 대해서도 구체적으로 안내하는 것이 필요합니다. 우리가 오프라인 수업에서는 사소한 질문이 있거나 어려움이 있을 때 비언어적인 제스처로 의사를 표현하거나, 옆에 앉은 학습자에게 살짝 묻기도 하고, 쉬는 시간을 이용해서 교수자에게 개인적으로 이야기를 하기도 하는데요. 온라인 상황에서는 공개적으로 표현해야 해서 부담스럽게 느끼거나, 개인적으로 이야기하려면 툴의 특정 기능을 이용해야 하기 때문에 누군가에게는 허들이 될 수 있습니다. 그래서 애초에 교수자가 명확하고 구체적인 안내를 해 줄 필요가 있습니다. 따라서 학습자가 해야 하는 활동에 대한 구체적인 안내를 교수설계 단계부터 고려해 보시는 것을 권해드립니다.

4. 온라인 과정 설계와 관련한 핵심적인 이론이나 모델은 무엇인가요?

Moore의 세 가지 유형 상호작용을 들 수 있습니다.[14] Moore는 학습자-콘텐츠 학습내용, 학습자-교수자, 학습자-학습자 간의 상호작용을 통해 학습이 일어난다고 했습니다. 이 세 가지 유형의 상호작용을 이해하면, 온라인에서의 학습 경험을 설계할 때 인식의 틀이 될 수 있습니다. 내 수업에서 세 가지 유형의 상호작용이 잘 일어나고 있는지, 방해하는 요소가 있다면 어떻게 제거할 것인지, 더 촉진하기 위해서는 어떻게 해야 하는지 고려해볼 수 있습니다.

5. 온라인 라이브 강의를 설계하실 때 사용하는 실전 노하우를 소개 부탁드립니다.

저는 협업 도구를 적극적으로 활용하는 편입니다. 협력적으로 산출물을 만들어내는 상황에서는 물론이고요. 소그룹 토론을 할 때도 적극적으로 사용합니다. 실시간 온라인 강의를 하면서 소회의실을 나누어 토론을 하는 경우가 종종 있는데요. 오프라인 상황이라면 교수자가 여러 그룹의 논의 상황을 비교적 한눈에 모니터링을 할 수 있습니다. 두 그룹 사이에 서서 양쪽 그룹 이야기를 다 들을 수도 있고요. 그렇지만 온라인 라이브 수업에서는 한 번에 한 회의실에만 들어갈 수 있으니 전체 상황을 교수자가 모니터링하고 퍼실리테이션을 하기가 상대적으로 덜 유연한 상황이 됩니다. 그래서 저는 그룹 토론을 할 때 구글 문서와 같은 협업 도구를 이용해 토론 내용을 공동으로 기록하면서 진행하도록 했는데요. 그룹 토론이 이뤄지는 동안 저는 인터넷 창을 여러 개 띄워놓고 모든 그룹의 협력 문서를 보면서 그룹에서 어떤 이야기가 진행되고 있는지 실시간으로 볼 수가 있었습니다. 모니터링하다가 필요한 경우, 해당 그룹 소회의실에 제가 들어가서 개입을 하기도 하고요. 학습자 입장에서도 토론 내용이 지나가버리는 것이 아니라 기록으로 남길 수 있어서 유용했을 것이라고 생각됩니다.

6. 마지막으로 온라인 라이브 클래스를 설계하는 교사/강사분들께 나누고 싶은 얘기가 있다면 부탁드립니다.

오프라인, 온라인, 그리고 온라인 중에서도 실시간과 비실시간은 각각 다른 장단점이 있습니다. 꼭 어느 하나가 가장 좋은 방법이라고 말하기 어렵습니다. 꼭 100% 라이브 강의를 해야 하는 게 아니라 비실시간 수업과 병행할 수 있는 상황이라면, 어떤 부분이 실시간에 적합한지 고민하는 게 우선이라고 생각합니다. 비실시간은 학습자가 자신의 속도대로 학습할 수 있는 장점이 있기 때문에 지식 이해가 필요한 부분은 비실시간으로 설계하는 것이 유리할 수 있습니다. 반면 실시간으로 토론하거나 실시간으로 협력했을 때 효과가 극대화되는 부분은 라이브 클래스로 설계하는 것이 맞겠지요. 애초에 학습목표가 무엇인지,

온라인 라이브 클래스 Online Live Class

그것을 달성하기 위해서 어떠한 방식이 효과적인지 원론적으로 고민한 다음 수업을 설계하는 것이 좋다고 생각합니다.

지금까지 온라인 라이브 클래스에 대한 경험이 없으셨던 분들이라면 새로운 도구나 방식에 대해 두려움이나 혹은 거부감이 있으실 수도 있을 텐데요. 그러나 언택트가 이미 뉴노멀이 되어 버린 이 시점에 온오프를 넘나들 수 있는 역량을 갖추신다면, 학습자의 배움이라는 목적을 달성하기 위해 사용할 수 있는 강력한 무기가 하나 더 생기는 경험을 하실 것입니다. 목표에 따라, 학습자에 따라, 상황에 따라 내가 사용할 수 있는 무기를 갖추신다고 생각하시고 성장의 기회로 삼으시면 좋겠습니다. 새로운 도전과 성장을 응원하겠습니다.

"교육은 그대의 머릿속에
씨앗을 심어주는 것이 아니라,
그대의 씨앗들이 자라나게 해 주는 것이다. "

칼릴 지브란(Kahlil Gibran)

3장

학습자의 참여를 촉진하는 온라인 라이브 플랫폼 기능과 퍼실리테이션 스킬

Online Live Class

PART 10

온라인 라이브 클래스에서 참여의 재해석

3가지 참여요소, 5가지 참여경로, 7가지 참여활동기능

온라인 라이브 강의를 진행하고 있는 A사 사내 강사 20분께 '비대면 교육 시 가장 어려운 부분'을 설문한 적이 있습니다. '장시간 교육이 어렵다', '피로도가 높다' 등의 의견도 있었지만 가장 많이 언급된 부분은 '상호작용이 어렵다'는 것이었습니다. 내 말을 잘 이해하고 있는지 확인이 어렵고, 질문해도 답을 잘 하지 않고, 함께 수업한다는 느낌이 들지 않는다는 것이지요.

강의가 일방향 설명을 넘어 서로의 생각과 의견을 주고받는 시간이 되어야 하는데 그게 참 어렵다는 것입니다. 사실 온라인 강의를 하는 어느 교수자나 "온라인 환경에서 어떻게 하면 학습자를 잘 참여하게 할 수 있을까?"라는 질문에 답을 찾고 계시는 듯합니다.

온라인 라이브 클래스에서 참여란?

> > >

세계 최대 HRD 협회인 ATD Association for Talent Development 의 Virtual Training Facilitation과 Design 인증 과정을 들을 때 일입니다. 프로듀서 PD였던 Julie가 자주 하던 이야기가 있었는데요. 바로 "버추얼 트레이닝에서 참가자 참여는 3~5분에 한 번씩 일어나야 한다"는 말입니다. 처음 그 말을 들었을 때 솔직히 '그게 어떻게 가능하지?'라는 생각이 가장 먼저 들었는데요. 제 머릿속에 떠오른 참여활동의 이미지가 포스트잇에 생각을 적고 짝과 이야기를 나누거나, 그룹 토론을 하거나, 게임을 하는 모습이어서 참가자가 3~5분마다 한 번씩 참여하는 것은 어렵다는 생각이 들었기 때문입니다.

다른 전문가들 주장도 궁금해 아마존에서 관련 책을 몇 권 구매하여 읽었는데요. 버추얼 클래스 강의 경력만 10년이 넘는 저자들 주장 역시 Julie와 같았습니다. 15, 16

저는 경험 많은 전문가들이 동일하게 이야기하는 것이라면 불가능한 건 아니겠구나 싶어, 그 후로는 어떻게 하면 학습자 참여 빈도를 높일 수 있을까 계속 고민했는데요.

지금까지 다양한 주제의 온라인 라이브 클래스를 수차례 경험하며 든 생각은 온라인 라이브 클래스에서의 참여활동이란 오프라인 교육에서의 활동과는 다르게 정의하고 접근할 필요가 있다는 것입니다.

일단 참여활동을 좀 더 가볍고 쉽게 생각해야 합니다. 오프라인 교육에서처럼 참여 하나하나가 유의미한 산출물을 만들어 내거나 배움을 일으키게 한다고 접근하는 대신, 온라인 라이브 클래스에서는 몇 개의 작은 참여들이 모여 종합적으로 학습을 일으키게 한다는 접근이 필요합니다.

예를 들면 손가락을 활용해 채팅하는 것도, 눈과 입을 활용해 화면에 보이는 문장을 소리 내어 읽는 것도 참여라고 볼 수 있다는 것이죠. 이러한 관점에서 온라인 라이브 클래스의 학습자 참여 경로를 정리하면 다음과 같이 5가지로 정리할 수 있습니다.

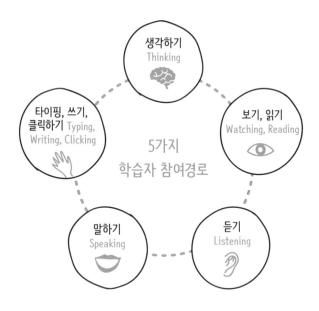

그렇다면 교수자는 온라인 라이브 클래스에서 위 5가지 경로를 통한 학습자 참여를 구체적으로 어떻게 구현할 수 있을까요?

가장 손쉬운 방법은 온라인 라이브 플랫폼의 7가지 핵심기능을 활용하는 것입니다. 아래 그림이 교수자가 참여활동을 위해 활용할 수 있는 온라인 라이브 플랫폼의 7가지 기능인데요.

교수자는 각 기능을 활용하여 참여활동을 하되, 해당 참여활동을 할 때 학습자가 무엇을 보고, 듣고, 말하고, 움직이게 될지 그리고 어떤 생각을 하게 될지 미리 꼼꼼하게 그려봐야 합니다. 각 기능의 활용 방법은 Part 12 ~ Part 17 에서 자세히 다루겠습니다.

그럼 지금부터는 온라인 라이브 클래스에서 학습자 참여를 촉진하기 위한 필수 요소를 확인해 보겠습니다.

온라인 라이브 클래스에서
학습자의 참여를 촉진하는 3F

> > >

온라인 라이브 클래스에서 학습자 참여를 이끌어내고 효과적인 학습이 일어나게 하기 위해서는 세 가지 "F"가 반드시 필요합니다.

바로 (1)교수자의 믿음 Faith, (2)플랫폼의 기능에 대한 이해 Function, (3)참여와 몰입을 촉진하는 퍼실리테이션 스킬 Facilitation 입니다.

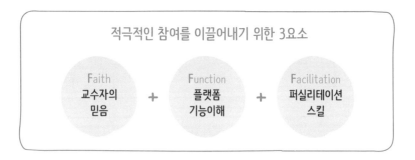

먼저 믿음 Faith 부터 살펴보겠습니다. 교수자의 믿음은 왜 중요할까요?

이 질문에 대한 대답을 찾기 위해 잠시 1990년대 초 경영 현장에서 있었던 일을 이야기해볼까 합니다. 그 당시 인터넷이 보편적으로 깔리기 시작하면서 많은 회사들이 효과적이고 효율적인 업무 추진을 위해 ICT정보통신기술, Information and Communications Technology 를 도입하는 일에 관심이 많았습니다. 회사마다 정보화 전략 컨설팅을 수행하고 경쟁적으로 경영정보시스템 Management Information System, MIS 을 개발했습니다. 하지만 이때 조직 구성원 모두가 ICT 도입을 반긴 것은 아니었습니다. 예를 들어 중요한 결재 사항을 서류 작성과 사인 sign 의 과정 없이 시스템 안에서 버튼 클릭 몇 번으로 처리하는 것을 꺼리는 분들이 있었습니다.

비슷한 시기에 학계에서는 사용자들의 '기술 수용 Technology Acceptance ' 과 '지속적인 기술 활용 의도 Continuance Intention to Use '에 대한 연구가 활발하게 진행되었습니다. 그중 대표적인 연구는 논문 피인용 수만 5만 회가 넘는 Davis의 'Perceived usefulness, perceived ease of use, and use acceptance of information technology' 논문입니다. [16] 저도 이 논문을 인용해 논문 몇 편을 썼는데요. [18, 19] 이 연구에서 제시한 핵심 논리는 이것입니다.

기술을 사용하는 사람의 '믿음'이 '태도'를 낳고, '태도'가 '의도'를 일으키며, '의도'가 '행동'하게 한다는 것입니다. 즉 기술을 사용하는 사람이 믿음이 있어야 궁극적으로 기술을 수용하는 행동을 한다는 주장입니다.

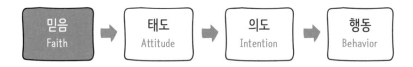

위 논리를 온라인 라이브 교육 상황에 대입해 본다면 어떨까요?

온라인 라이브 클래스가 학습자들에게 도움이 될 것이라고 믿는 교수자와 별로 도움이 되지 않을 것이라고 믿는 교수자를 한번 상상해 보시죠. 둘 중 어떤 교수자가 강의를 제대로 준비하려는 태도와 의도를 가질까요? 강의 현장에서 누가 더 열정을 가지고 행동할 수 있을까요? 각자 그 믿음에 따라 행동하고 또 그 행한 대로 결과를 보게 될 확률이 높지 않을까요? 그래서 저는 여러분께서 온라인 라이브 클래스를 해야 한다면 온라인 라이브 클래스의 장점과 강점을 믿고 여러 가지 시도를 해보시길 권해드립니다.

믿음이 중요한 또 다른 이유는 교수자의 믿음이 학습자에게 전이 Transfer 되기 때문입니다. 교수자가 어떤 믿음을 가지고 있는가가 학습자의 믿음과 행동에 영향을 미친다는 것입니다. 교수자 Facilitator 의 믿음이 학습자에게 어떻게 전이되는지 한번 살펴볼까요?

온라인 라이브 환경에서 교수자의 믿음은 주로 교수자의 언어를 통해 드러나고 전달됩니다. 그래서 교수자는 다음과 같은 말을 피하는 것이 좋습니다.

- 비대면이라 너무 힘드시겠지만 조금만 참아주세요.
- 온라인이라 집중하기 어려우시겠지만, 수업을 시작하겠습니다.
- 만나서 하면 좋을 텐데 아쉽네요.
- 코로나 때문에 어쩔 수 없이 온라인으로 수업을 하게 되었네요.

이런 말을 듣는 학습자들은 '그래 내가 힘들어야 하는구나', '역시 집중하기 어렵겠구나', '만나서 하는 것보다 훨씬 별로겠구나' 하는 믿음을 가지기 쉬울 것입니다. 그 결과는 강의에 대한 낮은 기대와 저조한 참여겠지요.

그렇다면 교수자는 온라인 라이브 클래스에서 어떤 말을 하면 좋을까요?

리얼워크 공개과정에 들어오신 분들 대상으로 위 질문을 했을 때 이런 대답들이 나왔습니다.

- 새로운 환경이 매우 흥미롭고 좋네요.
- 특별한 날에 특별한 방법으로 함께 하게 되어 기쁩니다.
- 우리가 앞서가는 Learner입니다!
- 오늘 수업은 최고의 수강생들을 모시고 최고의 교육방법으로 진행됩니다!
- 새로운 형태의 교육에 도전해주셔서 감사합니다.
- 한 분 한 분, 얼굴 보고 이야기할 수 있어서 너무 좋네요 ^^
- 온라인 소통이 주는 장점을 모아모아~
- 새로운 환경에 먼저 도전하시는 여러분이 자랑스럽습니다
- 오늘 실제 강의장에 있는 것과 비슷한 느낌이 드시게 될 겁니다
- 지금부터 클래스가 다른 버추얼 클래스 함께 시작해 보시죠.
- 어디서든 함께 할 수 있어 행복합니다.
- 형태는 언택트이지만 마음은 콘택트인 시간이 될 것 같습니다.

강의 중 채팅창에 올라왔던 내용을 그대로 옮겨봤는데요. 아이디어들이 참 반짝반짝하죠?☺ 여러분도 여러분만의 온라인 라이브 클래스 멘트를 하나 만들어보세요.

지금껏 살펴봤듯이 첫 번째 F인 교수자의 믿음 Faith 은 온라인 라이브 클래스를 시작하는 첫 단추와도 같은데요. 첫 단추를 잘 끼웠다면 다음 단추인 나머지 두 개 F, 플랫폼의 핵심 기능 Function 과 참여를 이끄는 퍼실리테이션 Facilitation 스킬은 어떻게 잘 채울 수 있는지 이제부터 자세히 알아보겠습니다.

PART 11

온라인 라이브 클래스
기본화면 구성하기
나는 보이고 너는 안보이는 것들

교수자는 강의 시간에 특정 기능을 설명하기 위해 "화면 상단 오른쪽에..", "화면 아래쪽을 보시면.."과 같은 말을 사용합니다. 그런데 이때 교수자와 학습자의 화면 구성이 다르다면 어떨까요? 학습자는 "저는 그런 창이 없는데요.", "저는 그 메뉴가 안 보여요." 라고 반응할 수 있습니다. 실제로 그런 일이 자주 생깁니다.

온라인 라이브 클래스에 접속한 참가자는 자신의 화면을 자유롭게 구성할 수 있습니다. 각자 원하는 대로 특정 창을 띄우거나 띄우지 않을 수 있고, 편리한 대로 창을 배치할 수 있죠.

그래서 온라인 라이브 플랫폼의 여러 기능을 활용해 학습 활동을 할 계획이라면 강의 시작 후 바로 모든 참가자들의 화면 구성을 동일하게 맞추는 시간을 갖는 것이 좋습니다.

기본화면은 4단 구성으로

>>>

   화면 구성을 통일한다면 다음과 같은 4단 구성을 추천해 드립니다. '화면공유 창', '비디오 창'을 왼쪽에 두고 '참가자 창', '채팅 창'을 화면 오른쪽에 두면 좋습니다. 특히 '참가자 창'과 '채팅 창'은 강의 시작부터 계속 띄워두도록 하면 편리합니다.

Zoom 수업에서 효과적인 화면 4단 구성

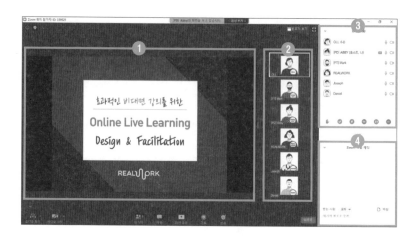

① 화면공유 창   ③ 참가자 창

② 비디오 창   ④ 채팅 창

참가자 창과 채팅 창이 새 창으로 떠서 4단 구성 모양이 안 될 때는 '전체 화면 종료' 버튼을 눌러보세요.

OS가 윈도우인 경우에는 화면 우측 상단에 '전체 화면 종료' 버튼을 클릭합니다.

OS가 맥인 경우에는 '옵션 보기'를 클릭해 나오는 메뉴에서 '전체 화면 종료'를 선택합니다.

나와 너의 화면이 다르게 보이는 이유

> > >

모두 4단 구성을 했더라도 교수자 ^{호스트} 와 학습자 ^{참가자} 의 화면은 다르게 보일 수 있습니다. 다음 세 가지 이유 때문입니다.

(1) 호스트와 참가자의 차이

온라인 라이브 클래스 ^{회의실} 에 '호스트'로 입장하느냐 '참가자'로 입장하느냐에 따라 화면이 다르게 보입니다.

Zoom에서 호스트와 참가자에 따라 다르게 보이는 것들을 소개하겠습니다.

① 메인 세션 하단 메뉴

호스트는 '소회의실' 버튼이 보이지만 참가자는 보이지 않습니다.

호스트 뷰   참가자 뷰

② 참가자창 하단 버튼

호스트는 '초대', '모두 음소거', '...' 3개 버튼이 보이지만, 참가자는 '초대' 버튼만 보입니다.

③ 주석 툴바 메뉴

'선택'과 '스포트라이트' 버튼은 호스트만 보입니다. 참가자는 '선택' 버튼이 없지만 '화살표' 버튼이 있습니다.

(2) 컴퓨터 접속과 핸드폰 접속의 차이

온라인 라이브 클래스^{회의실}에 '컴퓨터'로 접속하느냐 '핸드폰'으로 접속하느냐에 따라 화면이 다르게 보입니다. 또 사용할 수 있는 기능에서도 차이가 납니다. 예를 들어 컴퓨터로 접속하면 채팅창을 통해 공유하는 파일을 받을 수 있지만, 핸드폰으로 접속하면 받을 수 없습니다.

(3) 접속하는 기기의 운영체제로 인한 차이

컴퓨터로 접속한 경우 운영체제^{Operating System, OS}가 윈도우냐 맥이냐에 따라 화면이 다르게 보입니다. 강의를 해보니 동일한 운영체제라도 버전에 따라 차이가 있었고요.

혼란은 줄이고 교육 효과는 높이는 방법

>>>

위의 세 가지 이유로 교수자^{호스트}와 학습자^{참가자}의 화면이 다르게 보이는데요. 혼란은 줄이고 교육 효과는 높이려면 교수자가 이러한 차이를 알고 있는 것이 중요합니다.

하지만 교수자가 다르게 보이는 부분을 다 외우고 있기 어렵고, 온라인 라이브 플랫폼 또한 계속 업데이트 되고 있기 때문에 강의 중 두 개 기기^{Device}를 사용하는 방법을 추천해 드립니다. 그렇게 하면 강의 중 호스트 뷰와 참가자 뷰를 동시에 볼 수 있어 편리합니다.

예를 들어 교수자가 두 개 컴퓨터를 켠 뒤 한 컴퓨터에서는 호스트로 입장하고 나머지 한 컴퓨터에서는 참가자로 입장할 수 있습니다. 또는 교수자가 컴퓨터와 핸드폰으로 동시에 접속한 뒤 컴퓨터에서는 호스트로 입장하고 핸드폰에서는 참가자로 입장해 강의를 진행할 수 있습니다. 단, 이때 참가자로 입장한 기기의 비디오와 오디오는 반드시 꺼두셔야 합니다. 그렇지 않으면 하울링이 발생하거든요.

Abby's TIP

강의에 접속한 장소를 보여주고 싶지 않거나 비디오에 비치는 뒷배경이 신경 쓰일 때는 '가상 배경' 기능을 활용하세요.

프라이버시나 미처 정리하지 못한 강의 장소가 신경 쓰인다면 '가상 배경'을 설정하세요. 화면 속에 보이는 자신의 얼굴 뒷배경을 특정 이미지로 바꿀 수 있습니다. 가상 배경은 가능하면 현실감 있는 이미지를 쓰실 것을 권합니다. 예를 들어 현재 Zoom에서 기본적으로 제공하는 가상 배경은 우주 공간 이미지, 풀밭 이미지 등인데요. 이런 이미지를 가상 배경으로 선택하면 학생들에게 느껴지는 교수 실재감 Teaching Presence 이 낮아집니다. 교수자가 가상 온라인 공간에 있다는 인상을 크게 주니까요. 개인적으로는 밝은 색의 모델 하우스 같은 깨끗한 방 이미지나 회의실 이미지를 가상 배경으로 하는 것이 좋았습니다.

참고로 강의 중 바디랭귀지를 자주 쓰는 등 움직임이 많은 스타일의 교수자라면 가상 배경을 설정하지 않는 편이 좋습니다. 아직까지는 기술 수준이 완전하지 않아 손을 흔든다든지 하면 빠르게 움직이는 부분이 화면에서 찌그러져 보이거든요. 물론 크로마 키천을 설치한 뒤 가상배경을 설정하면 화면 찌그러짐을 방지할 수 있습니다.

Zoom에서 가상 배경을 설정하는 방법은 다음과 같습니다.

① '가상 배경 선택' 메뉴 선택하기

① Step1 Zoom회의실 하단의 '비디오 시작' 버튼 옆 ⌃표시를 클릭합니다.
② Step2 메뉴에서 '가상 배경 선택'을 클릭합니다.

② 가상 배경으로 설정하고 싶은 이미지 선택하기

③ Step3 새로 뜬 [설정] 팝업창의 '가상 배경 선택' 글자 아래 보이는 박스에서 가상 배경으로 설정할 이미지 하나를 선택합니다.

④ Step4 기본적으로 제공되는 이미지가 아닌 새로운 이미지를 가상배경으로 설정하고 싶다면 ⊕ 버튼을 누른 뒤 열린 탐색창에서 원하는 이미지 파일을 선택합니다.

온라인 라이브 플랫폼의
핵심기능 활용

소회의실, 채팅 & 파일 공유,
반응 아이콘, 주석, 설문조사, 화면공유

지금부터는 대부분의 온라인 라이브 플랫폼에서 일반적으로 제공하는 7가지 핵심기능을 소개하려고 합니다. 먼저 각 기능의 사용법을 설명합니다. 초보자도 쉽게 따라 할 수 있게 캡쳐한 화면을 보여주고 구체적으로 단계에 따라 기술했습니다.

이어서 지금까지 리얼워크의 온라인 라이브 클래스 경험을 녹여낸 퍼실리테이션 가이드가 나옵니다. 이 부분에선 각 기능을 활용할 때 필요한 학습자들의 참여와 몰입을 촉진하는 퍼실리테이션 스킬을 다양한 사례와 함께 담았습니다.

기능 사용법 Function 부분은 현재 국내기업과 기관에서 가장 널리 쓰이는 Zoom과 Webex에서 제공하는 기능을 예로 들어 설명했는데요. 퍼실리테이션 Facilitation 가이드 부분은 다른 플랫폼을 쓰시더라도 공통적으로 적용할 수 있게 정리했습니다.

PART 12

소회의실 활용 퍼실리테이션
소그룹으로 협업하고 깊게 토의하는 방법

> > >

〈Zoom 소회의실〉

Zoom에서는 '소회의실' 기능을 활용하여 소그룹 활동을 진행할 수 있습니다. Zoom 소회의실 기능의 구체적인 활용 방법은 다음과 같습니다.

① 소회의실 만들기

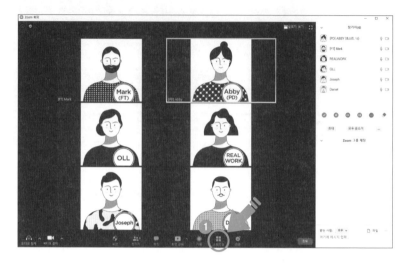

🔴 Step1 Zoom 회의실 하단의 '소회의실' 버튼을 클릭합니다.

② 소회의실 개수 및 참가자 할당 방법 정하기

온라인 라이브 클래스 Online Live Class

❷ Step2 [소회의실 만들기] 팝업 창에서 만들고 싶은 소회의실(분반) 수를 숫자로 지정합니다.

❸ Step3 소회의실에 참가자를 할당할 방법을 선택합니다.

▷ 자동: Zoom 시스템에서 소회의실 수대로 참가자를 나눠 자동 할당합니다. (각 소회의실에 대략 몇 명의 학습자가 할당되는지 팝업 창 하단에 표시됩니다.)

▷ 수동: 교수자가 직접 각 소회의실에 들어갈 참가자를 선택해 할당합니다.

▷ 참가자가 소회의실을 선택하도록 허용: 여러 개 소회의실을 만들어 두면 참가자가 원하는 소회의실을 선택해 입장합니다.

❹ Step4 '만들기' 버튼을 클릭합니다.

③ 각 소회의실에 참가자 할당하기

⑤ Step5A [소회의실] 팝업 창에서 각 소회의실에 할당된 참가자를 확인 또는 수정합니다.

▷ 자동 할당을 선택한 경우

회의실 이름 옆 숫자를 클릭하여 각 소회의실에 할당된 참가자 명단을 확인합니다. 배정된 참가자 이름 앞에 체크 표시를 클릭해 할당을 취소할 수 있습니다.

⑤ Step5B [소회의실] 팝업 창에서 각 소회의실에 할당된 참가자를 확인 또는 수정합니다.

▷ 수동 할당을 선택한 경우

회의실 이름 옆 '할당' 버튼을 클릭하면 참가자 리스트가 뜹니다. 참가자 이름 앞에 체크 표시를 클릭해 참가자를 소회의실에 할당합니다.

④ 소회의실 옵션 설정하고 소회의실 열기

6 Step6 '옵션' 버튼을 눌러 소회의실 세팅을 확인 또는 변경합니다.

  ▷ 참가자를 자동으로 소회의실로 이동시킬 것인지, 아니면 참가자가
    소회의실 입장을 선택하게 할 것인지

  ▷ 특정 시간이 지나면 소회의실이 자동으로 모두 닫히게 할 것인지,
    아니면 호스트가 '모든 회의실 닫기' 버튼을 누르면 닫히게 할 것
    인지

  ▷ 호스트가 '모든 회의실 닫기' 버튼을 누른 후, 몇 분 이후에 실제
    소회의실이 닫히게 할 것인지 세팅

7 Step7 '모든 회의실 열기' 버튼을 눌러 소그룹 활동을 시작합니다.

⑤ 소회의실 종료하기

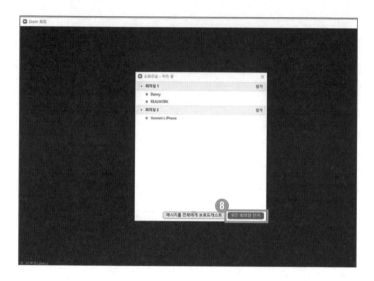

❽ Step8 소그룹 활동을 종료하려면 소회의실 창 하단의 '모든 회의실 닫기' 버튼을 클릭합니다.

온라인 라이브 클래스 Online Live Class

〈Webex 세부 세션〉

Webex에서는 Webex Meeting 솔루션의 '세부 세션' 기능을 활용하여 소그룹 활동을 할 수 있습니다. Webex 세부 세션 기능의 구체적인 활용 방법은 다음과 같습니다.

① 세부 세션 만들기

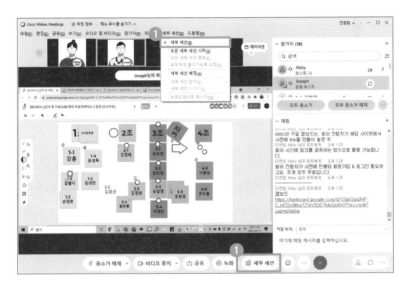

1 Step1 Webex 화면 상단의 '세부 세션' 메뉴를 선택하거나, 하단의 '세부 세션' 버튼을 클릭합니다.

② 세부 세션 개수 및 참가자 할당 방법 정하기

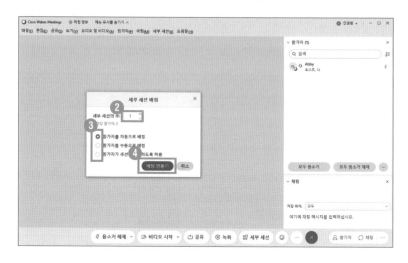

❷ Step2 새로 뜬 [세부 세션 배정] 팝업 창에서 '세부 세션의 수'를 숫
자로 지정합니다. (이때 세부 세션 수에 따라 예상되는 세션당 참가자
수가 표시됩니다.)

❸ Step3 '세부 세션에 참가자를 할당할 방법'을 선택합니다.

▷ 참가자를 자동으로 배정: Webex 시스템에서 세부 세션 수대로 참
가자를 나눠 자동 할당합니다.

▷ 참가자를 수동으로 배정: 교수자가 직접 각 세부 세션에 들어갈 참
가자를 선택해 할당합니다.

▷ 참가자가 세션을 선택하도록 허용: 여러 개 세부 세션을 만들어두면
참가자가 원하는 세부 세션을 선택해 입장합니다.

❹ Step4 '배정 만들기' 버튼을 클릭합니다.

③ 각 세부 세션에 참가자 할당하기

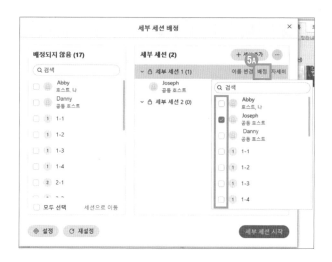

⑤ Step5A '참가자를 자동으로 배정' 옵션을 선택한 경우

▷ 새로 뜬 [세부 세션 배정] 팝업 창에서 각 세부 세션 옆 '배정' 글
자를 클릭합니다.

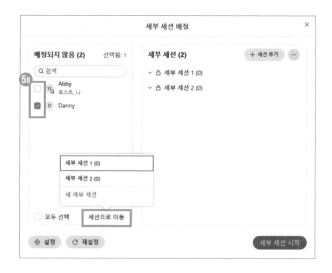

5 Step5B '참가자를 수동으로 배정' 옵션을 선택한 경우

  ▷ '배정되지 않음' 부분에 보이는 참가자 리스트에서 같은 세부 세션에 배정할 참가자들을 선택합니다. (이름 앞 박스를 클릭)

  ▷ '세션으로 이동' 버튼을 클릭한 뒤, 선택한 참가자들을 배정할 세부 세션 이름을 선택합니다.

④ 세부 세션 옵션 설정하고 세부 세션 열기

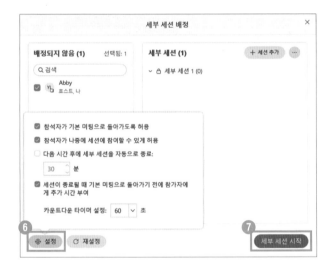

6 Step6 '설정' 버튼을 눌러 세부 세션 세팅을 확인 또는 변경합니다.

7 Step7 모든 세부 세션에 참가자 배정을 완료하고, 세부 세션을 시작하려면 '세부 세션 시작' 버튼을 클릭합니다.

⑤ 세부 세션 종료하기

8 Step8 소그룹 활동을 종료하려면 세부 세션 배정 창 하단의 '모든 세부 세션 종료' 버튼을 클릭합니다.

참여와 몰입을 높이는
소회의실 퍼실리테이션 가이드

> > >

소회의실 기능은 언제 사용하면 좋을까요?

오프라인 강의에서는 (1)학습자들이 각자의 이야기를 조금 더 깊게 나눌 필요가 있을 때, (2)학습자들 간 상교학습이 일어나면 효과적인 주제가 있을 때, (3)학습자들 간 협력을 통해 특정한 산출물을 만들어 내는 것이 필요할 때 주로 소그룹 활동을 합니다. 온라인 라이브 클래스에서도 유사한 경우에 소회의실 기능을 활용해 소그룹 활동을 하시면 좋습니다.

특히 온라인 라이브 클래스에서는 학습자 수가 10명 이상일 때, 즉 전체가 함께 돌아가며 이야기를 나누기에는 인원이 많은 경우에는 한 시간에 적어도 한 번은 소그룹 활동을 하는 것을 추천해 드립니다. 채팅, 주석 등 '손'으로 참여하는 활동도 좋지만, 진짜 깊이 있는 상호작용은 '얼굴'을 보며 '입'으로 나눌 때 일어나니까요. 온라인 라이브 강의 현장에서 소그룹이 활발하게 운영되면 학습자의 몰입도가 확 높아지는 것을 경험할 수 있습니다.

소회의실 기능을 쓰면 무엇이 좋나요?

소회의실 기능은 강의시간 활용과 심리적 안전감 Psychological Safety 측면에서 도움이 됩니다.

① 효율적인 시간 사용

학습자가 12명이라고 하면 한 명이 1분씩만 이야기해도 12분이 흘러 갑니다. 이 경우 학습자들은 평균적으로 11분씩 다른 학습자의 이야기를 들으며 기다리게 됩니다. 이때 만일 이야기 하는 주제에 큰 관심이 없는 학습자가 있다면 어떤 상황이 벌어질까요? 자기 차례를 기다리다 금새 지루해져 딴 짓을 하기가 쉬울 것입니다. 이럴 때 소그룹 활동을 하면 함께 이야기를 나누는 사람의 숫자가 적어지니 기다림의 시간을 줄일 수 있습니다.

② 심리적 안전감 제공

온라인 라이브 클래스에서 비디오를 켜놓고 강의를 하는 경우, 어떤 학습자는 말을 했을 때 모두가 자신의 얼굴을 주목하는 것이 부담스러울 수 있습니다. 이런 경우 소그룹 활동을 하게 되면 좀 더 적은 수의 학습자 그룹에서 편안하게 참여하는 것이 가능합니다.

한 소회의실에 몇 명 정도를 배정하면 좋을까요?

한 소회의실에 3~5명 정도의 학습자를 배정하면 소그룹 구성원 한 명 한 명이 느끼는 부담감은 줄이면서 깊이 있는 이야기가 가능합니다.

꼭 필요한 경우가 아니면 2명씩 묶어 소그룹을 만드는 것은 피하는 것이 좋습니다. S사에서 온라인 라이브로 퍼실리테이션 과정을 진행했을 때 있었던 일인데요. 각 소회의실에 서로 잘 모르는 학습자를 2명씩 배정하니 소그룹 활동 내내 서로 부담스러웠다는 의견이 있었습니다. 또 한 그룹은 1명이 참여에 매우 소극적이어서 나머지 1명이 소그룹 활동을 혼자 끌고 가느라 힘들었다는 이야기를 하셨습니다.

소회의실 기능을 활용한 소그룹 활동시간은 몇 분 정도로 하는 것이 알맞을까요?

소그룹 활동 적정시간은 ⑴소회의실 당 할당된 인원수, ⑵학습자 한 명에게 주어지는 발언 시간, ⑶소그룹 활동 결과를 정리하게 할 것인지 아닌지에 따라 정하시면 좋습니다.

소그룹 활동시간 = (1) x (2) + (3) + 소회의실 입·퇴장 시간

예를 들어 한 소회의실에 다섯 명이 들어가 한 사람당 3분씩 이야기하는 활동인데 그룹 토론 결과를 ppt 등으로 정리까지 해야 한다면 20분 정도로 소그룹 활동시간을 정하는 것이 좋습니다. (1)5명 × (2)3분 + (3)4분 + 1분 = 20분 그룹 토론 산출물을 만들기 위해서는 소그룹별로 내용을 정리하고 화면공유 기능 등을 활용해 작성한 산출물을 함께 검토하는 등 추가적인 활동을 위한 시간이 필요하기 때문입니다.

특별히 심도 있게 논의해야 할 주제를 다룰 때는 소그룹 활동시간과 쉬는 시간을 이어서 주는 것도 방법입니다. "소회의실에 들어가시면 15분간 토론하시고 이어서 15분 동안 쉬는 시간을 가지시면 됩니다. 그럼 저희는 30분 뒤에 뵙겠습니다."라고 안내하는 것이죠. 이렇게 하면 혹 소그룹 내에서 이야기가 길어지더라도 학습자들은 쉬는 시간을 자유롭게 활용하여 추가 논의를 진행할 수 있습니다.

소회의실 내에서 소그룹 활동이 원활하게 진행되려면 어떻게 해야 할까요?

리얼워크 공개과정 중 온라인에서 소그룹 운영이 생각만큼 잘 안 된다는 의견과 함께 어떻게 하면 소회의실에 입장한 후 학습자가 어색해하고 불편해하는 상황에 대비할 수 있느냐는 질문이 많았는데요.

원활한 소그룹 활동을 위해 학습자들이 소회의실에 입장하기 전과 후에 활용할 수 있는 방법을 나누어 설명드리겠습니다.

〈 소회의실 입장 '전' 〉

1. 소그룹 활동 주제에 대해 생각하고 정리할 시간을 주세요.

학습자들이 이야기할 거리를 준비하지 못한 상태에서 소그룹 활동이 시작되면 아무래도 적극적으로 참여하기가 어렵습니다. 학습자가 소회의실로 나눠지기 전에 소그룹 활동주제에 대해 생각해보고 개인 노트에 작성할 시간을 주세요. 그리고 작성이 모두 끝난 후에 소그룹에 입장하게 하는 것을 추천해 드립니다. 학습자가 말할 내용을 가지고 소회의실에 들어가게 되면 바로 의견을 나누는 것이 가능해져 소그룹 활동이 원활하게 진행될 수 있습니다.

2. 소그룹 활동 가이드를 상세하게 주세요.

온라인 라이브 클래스에서는 학습자들이 소회의실로 나눠지기 전에 소그룹 활동 가이드를 상세하게 주는 것이 매우 중요합니다. 온라인 라이브 플랫폼에서 호스트는 한 번에 한 개 소회의실에만 들어갈 수 있어 교수자가 동시에 모든 소그룹 활동을 모니터링하거나 도와줄 수 없기 때문입니다.

소그룹 활동 가이드는 적어도 (1)소그룹 활동 주제, (2)조장 이름 또는 조장 선출 방법, (3)소그룹 활동 방법, (4)소그룹 활동 결과물^{산출물}에 관한 내용을 포함하면 좋습니다. 일단 소회의실로 나뉘면 교수자의 화면공유가 자동으로 중지되므로 소회의실로 흩어지기 전 학습자들에게 소그룹 활동 가이드 화면을 핸드폰으로 찍게 하는 것도 좋은 방법입니다.

〈소그룹 활동 가이드〉에 포함할 내용

소그룹 활동 주제

▷ 소그룹 활동 주제: 소그룹으로 논의할 주제를 화면에 정리하여 보여줍니다.

조장 이름 또는 조장 선출 방법

▷ 각 소그룹 조장 이름: 교수자가 조장을 미리 정한 경우에는 화면에 소그룹별 조장 이름을 적어서 보여줍니다.

▷ 소회의실 입장 후 조장 선출 방법: 교수자가 조장을 미리 정하지 않았으면 학습자들이 소회의실에 입장한 후 조장을 어떻게 선정하면 되는지 조장 선정 방법을 구체적으로 알려줍니다.

▷ 예를 들어 "각 조에서 상의 색깔이 가장 밝으신 분이 조장을 하시면 됩니다."라고 안내할 수 있습니다. 또는 "소회의실에 입장하시면 채팅창에 모두 '온라인 라이브 러닝'이라고 쳐주세요. 채팅창에 가장 늦게 쓰신 분이 조장이 됩니다."라고 할 수도 있습니다. 실제 두 번째 방법을 써보니 학습자들이 소회의실로 서둘러 입장하고 빠르게 채팅을 올리느라 순간적으로 집중하는 효과도 있었습니다.

▷ 조장의 역할(가령 토의 진행이나 결과물 정리 등)도 함께 안내해주시면 좋습니다.

소그룹 활동 방법

▷ 소그룹 활동 절차: 소그룹 활동이 원활하게 이루어질 수 있도록 발표 순서를 정해주거나 활동 절차를 단계적으로 안내합니다.

▷ 소그룹 활동 전체 시간: 총 몇 분간 활동할 것인지, 정확히 몇 시 몇 분에 활동을 종료해야 하는지 알려줍니다.

▷ 개인별 발언 시간: 한 사람당 대략 몇 분씩 이야기하면 되는지 설명합니다.

소그룹 활동 결과물(산출물)

▷ 소그룹 활동 결과물: 돌아가며 이야기만 하고 나오면 되는지, 소회의실에서 논의한 내용을 정리까지 해야 하는지 구체적으로 설명합니다. 이때 논의 결과를 정리해서 전체 앞에서 공유해야 한다면 반드시 사전에 발표 시간이 있음을 안내하세요.

▷ 특히 소그룹 활동 결과물이 잘 정리될 필요가 있다면 교수자는 조별로 산출물을 정리할 수 있는 템플릿을 만들어 강의시간에 제공하는 것을 권합니다. 실제로 여러 번 해보니 템플릿이 있는 경우 소그룹 구성원 모두가 동일하게 산출물에 대해 이해하고 활동에 참여하는 효과가 있었습니다.

리얼워크 소그룹 활동 가이드 샘플

Group Work Guidelines

토론 주제
- 각 조에 배정된 대상자 입장에서 온라인 라이브 교육의 장단점을 논의하세요.
- 1조: HRD 담당자, 2조: 교수자, 3조: 학습자

각 조 조장
- 1조: 신용주, 2조: 강평안, 3조: 한창수

소그룹 활동 방법
- 한 사람당 약 3분씩 돌아가며 이야기합니다. (총 활동 시간: 15분)
- 말하는 순서는 발언하신 분이 다음 발언하실 분을 지목해주세요.

소그룹 활동 결과물
- 모든 사람의 이야기가 끝나면, 각자 아래 링크로 들어가 자신이 했던 이야기를 정리합니다. [템플릿(구글 문서) 링크: http://bitly.kr/OTw9SyuMBTL]

※이 화면을 사진으로 찍어가세요~

3. 첫 번째 소그룹 활동 전에 교수자 _{호스트} 에게 도움 요청하는 방법을 설명하세요.

온라인 라이브 클래스에서는 교수자가 특정 소회의실에 직접 입장하지 않으면 학습자들의 소그룹 활동을 볼 수 없습니다. 그래서 교수자가 활동이 잘 진행되지 않는 소그룹이 있다 해도 바로 도와주기가 어렵죠.

이러한 온라인 라이브 플랫폼의 한계를 보완하기 위해 학습자들에게 '도움 요청' 기능 활용법을 알려주고, 필요할 때 교수자에게 도움을 요청하게 하면 좋습니다. 학습자들에게 소회의실 화면 하단에 '도움 요청' 버튼을 누르면 교수자가 해당 소그룹에 입장하여 소그룹 활동을 도와줄 수 있음을 안내하세요. 참고로 Webex의 경우 '도움 요청' 버튼이 세부 세션 우측 상단에 있습니다.

Zoom 소회의실에서 교수자 _{호스트} 에게 도움을 요청하는 방법

학습자의 도움 요청 소회의실 하단의 '도움 요청' 버튼을 누르면
호스트에게 도움 요청 메시지가 갑니다.

학습자의 도움 요청 시 호스트 화면 학습자가 '도움 요청' 버튼을 누르면
호스트에게 어느 소회의실에서 누가 도움을 요청했는지 메시지가 뜹니다.

〈소회의실 입장 '후'〉

1. 학습자들에게 중간중간 남은 시간을 안내하세요.

소그룹 활동 중 교수자가 학습자들에게 추가로 안내해야 할 사항이
있으면 '브로드캐스팅' 기능을 활용할 수 있습니다. 이 기능은 Zoom
과 Webex에서 모두 제공합니다.

교수자 호스트 가 브로드캐스팅 메시지를 보내면 해당 메시지는 소회
의실에 잠시 떴다 사라집니다. 따라서 학습자들이 읽는 데 시간이 오
래 걸리지 않도록 메시지를 짧고 간단하게 적는 것을 권합니다. 예를
들어 활동 중간중간 남은 시간을 안내할 때 쓰시면 좋습니다.

교수자 ^{호스트} 가 Zoom 소회의실에서 메시지를 보내는 방법

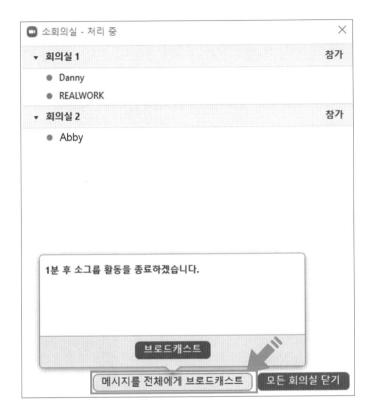

소회의실에 안내 메시지 발송 소회의실에 학습자를 할당했던 창 하단의 '메시지를 전체에게 브로드캐스트' 버튼을 누르면 창이 하나 뜹니다. 해당 창에 메시지를 쓰고 '브로드캐스트' 버튼을 누르면, 교수자(호스트)는 소회의실에서 활동 중인 학습자들에게 해당 메시지를 발송할 수 있습니다.

2. 필요하다면 소회의실에 입장하여 소그룹 활동에 직접 참여하세요.

교수자가 필요하다고 판단하면 특정 소회의실에 직접 참가하여 소
그룹 활동을 퍼실리테이션 할 수 있습니다.

교수자 호스트 가 Zoom 소회의실에 참가하는 방법

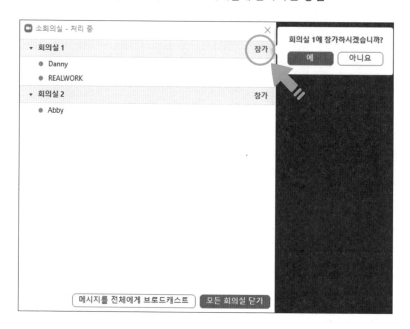

교수자가 소회의실에 참가   교수자(호스트, 공동호스트)는 필요 시 특
정 소회의실 이름 옆 '참가' 버튼을 눌러 해당 소회의실 소그룹 활동에
참여할 수 있습니다.

Zoom 소회의실과 Webex 세부 세션 모두 브로드캐스팅 기능을 제공하지만, 브로드
캐스팅 메시지를 발송할 수 있는 대상에 차이가 있습니다.

Zoom 소회의실 브로드캐스팅은 전체 학습자에게만 가능하지만, Webex 세부 세션 브
로드캐스팅은 특정 세부 세션 또는 특정 세부 세션의 특정 참가자에게만 메시지 발송
이 가능합니다.

Webex 세부 세션에서 특정 세부 세션, 특정 참가자에게 메시지 발송 방법

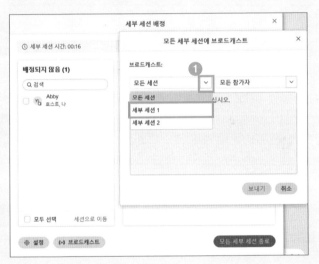

① Step1 브로드캐스트 할 세션 선택

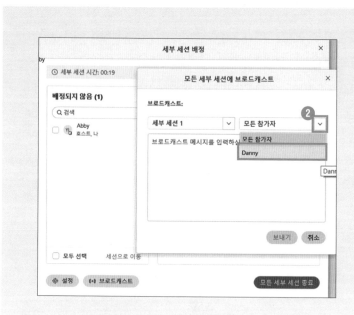

2 Step2 선택한 세부 세션에서 브로드캐스트할 참가자 선택

PART 13

채팅과 파일공유 활용
퍼실리테이션
기본 기능을 확실하고 다양하게 사용하는 방법

(Function) 채팅 Chat 과 파일 공유 File Sharing 기능 소개

> > >

〈Zoom 채팅〉

Zoom에서는 '채팅' 기능을 활용하여 교수자와 학습자 간에 그리고 학습자들 간에 메시지를 주고받을 수 있습니다. 채팅 방식은 두 가지로 전체 채팅과 1:1 채팅 비공개 채팅 이 가능합니다.

▷ 전체채팅: '받는 사람'에서 '모두'를 선택한 후 메시지를 보내면 온라인 라이브 클래스에 참여 중인 모든 참가자가 메시지를 볼 수 있습니다.

▷ 1:1 비공개 채팅: '받는 사람'에서 '특정 참가자 이름'을 선택한 후

메시지를 보내면 해당 참가자만 메시지를 볼 수 있습니다.

또한 Zoom의 경우 채팅창을 통해 링크나 파일을 전송하는 것도 가능합니다. Zoom 채팅 기능의 구체적인 활용 방법은 다음과 같습니다.

① 채팅창 열기

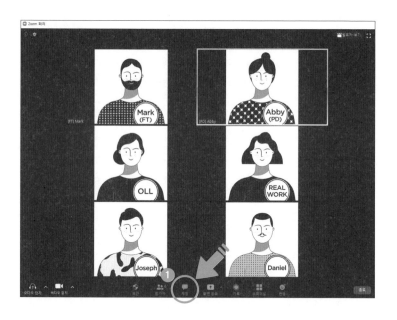

❶ Step1 Zoom 회의실 하단의 '채팅' 버튼을 클릭합니다.

② 전체 채팅하기

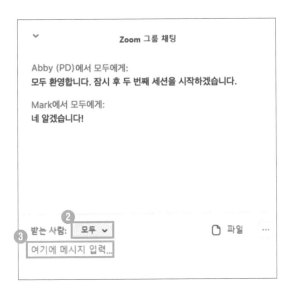

❷ Step2 Zoom 채팅 창 하단의 '받는 사람' 옆 옵션 박스를 클릭해 채팅 대상을 선택합니다.

 ▷ '모두'를 선택하면 전체 채팅을 할 수 있습니다.

 ▷ '특정 참가자 이름'을 선택하면 해당 참가자와 1:1 채팅을 할 수 있습니다.

❸ Step3 '여기에 메시지 입력'이라고 되어 있는 부분을 클릭한 뒤 채팅으로 보낼 메시지를 작성합니다.

 ▷ 메시지 작성 후 엔터키를 치면 메시지가 전송됩니다.

  (Shift + 엔터키: 줄바꿈)

③ 1:1 채팅하기

1:1 채팅을 하면 문자 그대로 한 번에 한 명에게 비공개 메시지를 보낼 수 있습니다.

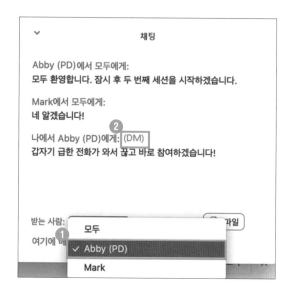

❶ 1:1 채팅(비공개 채팅) '받는 사람' 옆 옵션박스에서 '특정 참가자 이름'을 선택하면 1:1 채팅이 가능합니다.

예를 들어 PD인 Abby에게 일대일로 채팅을 보내고 싶으면 받는 사람 목록에서 Abby(PD)를 선택합니다.

❷ 비공개 채팅을 받으면 메시지 옆에 '(DM)'이라는 문구가 표시됩니다. 비공개 채팅 메시지는 호스트라도 볼 수 없으며, 오직 채팅을 주고받는 두 사람만 볼 수 있습니다.

④ 채팅 저장하기

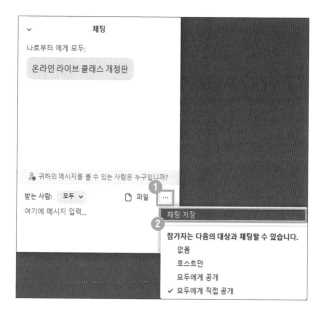

① Step1   Zoom 채팅창 하단의 ⋯ 버튼을 클릭합니다.

② Step2 '채팅 저장' 메뉴를 선택합니다.

   (채팅 메시지는 .txt 파일로 내 문서 > Zoom 폴더> 해당 Zoom 회의

   폴더에 저장됩니다.)

⑤ 파일 전송하기

파일 전송은 두 가지 방법으로 가능하며, 파일은 '받는 사람'에서

선택한 참가자에게 전송됩니다. 즉 받는 사람을 '모두'로 선택한 뒤 파

일을 전송하면 모든 참가자가 해당 파일을 받게 되고, 받는 사람에서 '특정 참가자의 이름'을 선택한 뒤 파일을 전송하면 그 사람만 해당 파일을 받게 됩니다.

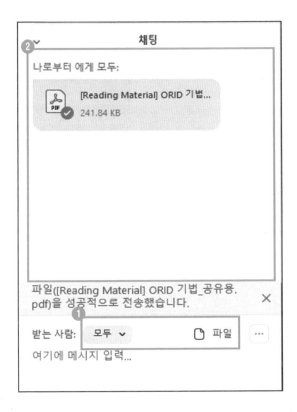

❶ 파일 공유 방법 1 받는 사람에서 파일을 받은 사람을 선택한 뒤, 파일 버튼을 클릭합니다. 새로 뜬 탐색창에서 공유할 파일 선택해 클릭하면 해당 파일이 공유됩니다.

❷ 파일 공유 방법 2 공유할 파일을 채팅 방에 끌어다 놓으면(Drag & Drop), 해당 파일이 채팅창을 통해 공유됩니다.

〈Webex 채팅〉

Webex에서도 '채팅' 기능을 활용하여 교수자와 학습자 간에, 그리고 학습자들 간에 메시지를 주고받을 수 있습니다. Webex 채팅방역시 전체 채팅과 1:1 채팅 ^{비공개 채팅} 두 가지 채팅이 가능한데요. 전체채팅을 하면 온라인 라이브 클래스에 참여 중인 모든 학습자가 채팅을 쓴 사람의 메시지를 볼 수 있습니다. 반면 1:1 채팅을 하면 메시지를 보내는 사람이 지정한 사람만 채팅 메시지를 볼 수 있습니다. 추가로 Webex는 Zoom과 달리 채팅창을 통해 파일은 전송할 수 없습니다.

Webex 채팅 기능의 구체적인 활용 방법은 다음과 같습니다.

① Webex 채팅창 열기

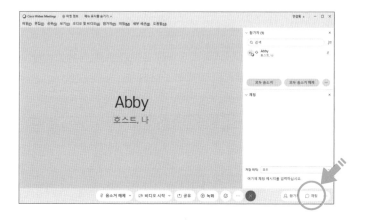

Webex 채팅창 Webex 회의실 하단의 '채팅' 버튼을 클릭합니다.

② 전체 채팅하기

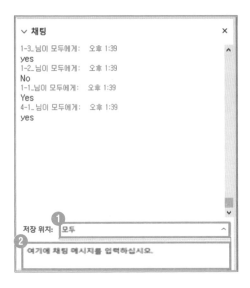

① **Step1** 채팅창 하단의 '저장 위치' 옆 옵션 박스를 클릭해 채팅 대상을 선택합니다.

　▷ '모두'를 선택하면 참가자 전체와 채팅메시지를 주고 받을 수 있습니다.

　▷ '특정 참가자 이름'을 선택하면 해당 참가자와 1:1 (비공개) 채팅을 할 수 있습니다.

② **Step2** '여기에 채팅 메시지를 입력하십시오.'라고 되어 있는 부분을 클릭한 뒤 채팅으로 보낼 메시지를 작성합니다.

메시지 작성 후 엔터키를 치면 메시지가 전송됩니다.

③ 1:1 채팅하기

❶ '저장 위치' 옆 옵션박스에서 '특정 참가자 이름'을 선택한 뒤 비공개 채팅을 시작합니다. 예를 들어 PD인 Joseph에게 일대일로 채팅을 보내고 싶으면 받는 사람 목록에서 Joseph을 선택합니다.

❷ 1:1 채팅을 받은 경우 메시지 옆에 '(비공개)'이라는 문구가 표시됩니다. 1:1 채팅 메시지는 호스트라도 볼 수 없으며, 오직 채팅을 주고 받는 두 사람만 볼 수 있습니다.

④ 세부 세션에서 채팅하기

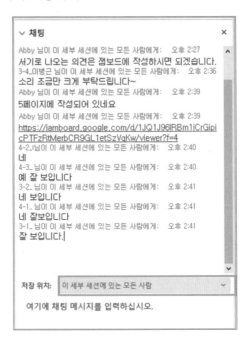

세부세션에 입장하면 세부세션에 있는 사람들끼리만 채팅이 가능합니다. 호스트라도 해당 세부세션에 입장하지 않으면 채팅 메시지를 볼 수 없습니다.

⑤ 채팅 저장하기

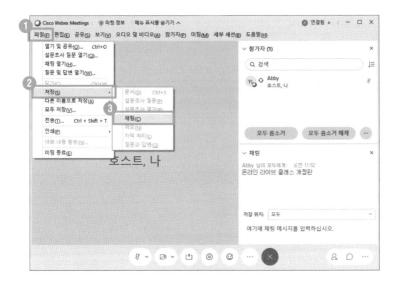

1 Step1 Webex 화면 상단의 '파일' 메뉴를 클릭합니다.

2 Step2 파일 메뉴 중 '저장'을 클릭합니다.

3 Step3 저장 메뉴 중 '채팅'을 선택한 뒤, 채팅 txt 파일을 저장할 위

치를 선택합니다.

⑥ 파일 전송하기

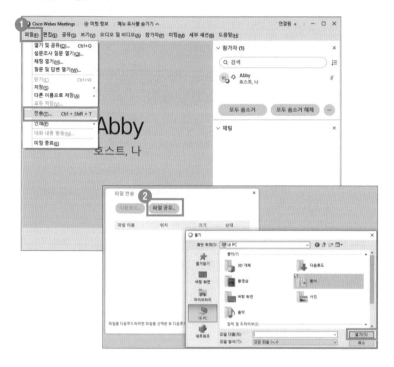

❶ Step1 Webex 창 상단의 '파일' 클릭 후, '전송' 메뉴를 선택합니다.

❷ Step2 새로 뜬 팝업 창에서 '파일 공유' 버튼을 눌러 공유할 파일을
선택한 뒤, '열기'를 클릭합니다.

Facilitation 참여와 몰입을 높이는
채팅 & 파일공유 퍼실리테이션 가이드

> > >

채팅 기능은 어떤 특징이 있나요?

채팅은 오프라인 강의에는 없는 온라인 라이브 클래스에서만 활용 가능한 기능으로 학습자의 적극적이고 가벼운 참여를 이끌어낼 수 있는 도구입니다. 대부분의 온라인 라이브 학습자가 메신저 앱에 익숙하기 때문에 채팅은 학습자들이 가장 빠르고 쉽게 사용법을 익힐 수 있는 기능이기도 합니다.

한 가지 주의할 점은 Zoom과 Webex 모두 한번 쓴 채팅 메시지는 지울 수 없다는 것입니다. 이후에 설명할 주석과 반응 아이콘은 학습자는 자신이 쓴 내용만 지울 수 있고, 호스트는 모든 사람이 쓴 내용을 지울 수 있습니다.

언제 사용하면 좋을까요?

채팅 기능은 온라인 라이브 플랫폼 기능 중 가장 활용도가 높은 기능 중 하나로 다양한 활동에 사용할 수 있습니다. 예를 들어 교수자가 질문한 뒤 학습자의 대답을 듣는 용도, 학습자의 질문을 받는 용도, 강의 중 학습자들의 의견이나 피드백을 모으는 용도로 쓸 수 있습니다.

1:1 채팅은 오프라인과 같이 두 명씩 짝지어 이야기 나누는 활동을

할 때 쓰면 됩니다. Zoom의 경우 채팅창을 통해 파일 전송이 가능하므로 강의 중간에 강의 보조 자료, 소그룹 활동 템플릿 등을 학습자들에게 공유할 때도 채팅 기능을 활용할 수 있습니다.

채팅 기능을 효과적으로 활용하려면 어떻게 해야 할까요?

① 채팅방 내용을 주제별로 구분해주세요.

채팅을 활용하여 여러 가지 활동을 진행하는 경우 한 주제에 대한 채팅이 끝나면 다음 주제로 채팅을 시작하기 전 채팅창에 줄 '-------'을 입력하여 채팅 내용을 구분해주세요.

채팅창 내용 주제별 구분 사례

채팅창 내용을 주제별로 구분하기 줄긋기 (----)를 활용해 채팅창 내용을 주제별로 구분하면 이후 내용 확인 시 편리합니다.

이렇게 하면 학습자들이 직관적으로 활동 주제가 바뀌었음을 인지할 수 있는 효과가 있습니다. 또한 잠시 채팅창 내용을 놓친 학습자가 있거나 강의에 늦게 들어온 학습자가 있어 채팅창에 올라와 있는 내용을 뒤늦게 확인해야 할 때 주제별로 끊어서 읽을 수 있어 좋습니다. 교수자 입장에서는 저장한 채팅 내용을 이후에 다시 볼 때 편리합니다.

② 간단한 설문조사가 필요한 경우, 채팅창에 숫자로 대답하게 하세요.

학습자에게 질문한 뒤 채팅창에 숫자로 답하게 하면 척도 scale 를 활용한 간단한 설문조사가 가능합니다. 예를 들어 "이 의견에 대해 찬성하는 정도를 1 에서 10 사이 값으로 채팅창에 적어주세요. 매우 동의하면 10, 전혀 동의하지 않으면 1입니다." 또는 "나는 동기부여가 안 된 직원들 때문에 고민이 많다. 진짜 많으면 10, 없으면 1로 채팅창에 답해주세요."라고 물어볼 수 있습니다.

③ 생각할 시간이 필요한 주제일 경우, 채팅창에 쓰기 전 다른 곳에 먼저 적어보게 하세요.

학습자들이 금방 답할 수 있는 것이라면 바로 채팅창에 답하게 하셔도 좋습니다. 하지만 답하는데 좀 시간이 걸리는 내용이라면 종이에 먼저 적게 한 뒤 채팅창에 내용을 쓰게 하세요. 채팅창에 의견들이 빠르게 올라올 때 아직 의견을 적지 못한 학습자들은 마음이 조급해져 자신의 의견을 제대로 정리하지 못할 수 있으니까요. 오프라인 교육에서 포스트잇에 먼저 자신의 생각을 적은 뒤에 다른 사람과 의견을 나누게 하는 것과 비슷합니다.

만일 학습자들의 연령대가 다양하다면 채팅창에 올릴 의견을 메모장과 같은 컴퓨터 애플리케이션에 미리 작성하게 하세요. 메모장에 적은 뒤 그 내용을 채팅창에 복사 & 붙여넣기 하게 하면 학습자들의 타이핑 속도 차이에서 오는 반응 속도 간격을 줄일 수 있습니다.

④ 1:1 채팅 기능을 활용하여 학습 활동을 하는 경우, 간단한 사전 활동부터 하세요.

1:1 채팅 비공개 채팅 기능을 활용하여 짝끼리 대화하는 활동 Pair Talk 을 할 때, 교수자는 활동 전에 미리 짝을 지어놓고 이를 정리해 화면에 띄워주세요. 특히 참여 인원이 많은 경우에는 1:1 채팅 짝 수도 많아지기 때문에 강의 중에 짝꿍을 정하고 이름을 불러가며 짝꿍을 알려주면 혼란이 있을 수 있습니다.

1:1 채팅 기능을 활용할 때는 계획한 학습 활동을 하기 전에 반드시 짝끼리 1:1 채팅으로 간단한 인사말을 먼저 주고받게 하고 그 성공 여부를 확인하세요. 예를 들어 미리 정해놓은 짝 리스트를 화면에 띄워놓고 "화면을 보시고 자신의 짝의 이름을 확인해주세요. 짝을 모두 확인하셨으면 정해진 짝끼리 '안녕하세요'라는 인사말을 1:1 채팅으로 주고받아보세요"라고 이야기합니다. 그리고 잠시 뒤에 "짝과 성공

적으로 인사를 주고받은 분들은 두 분 모두 '예' 반응 아이콘을 눌러 주세요"라고 요청하세요. 교수자는 참가장 창에서 '예' 반응 아이콘이 올라오는 상황을 확인하며 1:1 채팅이 잘 안 되는 학습자들에게 필요한 조치를 합니다. 이렇게 하면 짝끼리 잘 연결되었는지 미리 확인했기 때문에 모든 학습자가 동시에 학습 활동을 시작할 수 있습니다. '예' 반응 아이콘 활용법은 다음 장에서 자세히 소개하겠습니다.

일단 학습자들이 1:1 채팅을 시작하면 교수자는 채팅 내용을 볼 수 없어 활동 모니터링이 불가능하니 사전 활동을 꼭 하세요.

⑤ 1:1 채팅으로 두 명씩 짝지어 이야기하는 활동을 할 때는 가벼운 주제를 선택하세요.

1:1 채팅 비공개 채팅 으로 두 명씩 짝지어 이야기하게 할 때는 너무 진지하거나 많이 생각해야 하는 주제는 피하세요. 1:1 채팅은 두 명이 계속 주고받으면서 이야기해야 하는데 주제가 너무 어려우면 학습자가 긴장할 수 있고 이야기의 흐름이 끊기기 쉽거든요.

⑥ 강의 중간중간 읽을거리 Reading Material 나 템플릿을 파일로 공유하세요.

교수자가 모든 내용을 직접 설명하는 대신 자료 중 일부를 읽을거리 reading material 로 만들어 강의 중에 파일로 공유하세요. 생각할 질문을 함께 주고 각자 읽은 뒤에 다 같이 토론하겠다고 하면 학습자들은 오히려 더 집중해서 자료를 읽을 것입니다.

소그룹 활동의 결과 정리 템플릿 등은 사전에 나눠주기보다는 해당 소그룹 활동 직전에 공유하세요. 템플릿 작성 방법 설명 시 집중도와 흥미도를 높일 수 있습니다.

⑦ 강의 중 채팅 기능을 쓰시려면 강의를 시작하고 바로 채팅을 활용한 활동을 하세요.

강의 시작부터 참여한 학습자가 이후에도 더 쉽게 활동에 참여합니다. 채팅 기능을 사용할 계획이 있다면 강의를 시작하자마자 채팅을 활용한 간단한 활동을 해보세요.

예를 들어 강의 오프닝 때 "오늘 강의에서는 채팅으로 대화도 나누고 의견도 주고받으려고 하는데요. 가볍게 손가락 좀 풀고 시작할까요? 오늘 점심 뭐 드셨어요? 여러분 점심 메뉴를 채팅창에 올려주세요"라고 할 수 있습니다.

Abby's TIP

민감한 주제에 대한 투표나 논의는 채팅보다 주석이나 설문조사 기능을 활용하세요.

채팅창에 글을 쓰면 언제나 학습자의 이름이 함께 표시됩니다. 따라서 학습자들이 답하기 민감한 질문은 채팅으로 답하게 하지 않는 것이 좋습니다. 이 경우에는 뒤이어 다룰 주석이나 투표 기능을 활용하세요.

1:1 채팅 후, 전체에게 메시지를 보내려면 '받는 사람'을 '모두'로 변경하세요.

참가자 중 한 명에게 1:1 채팅 메시지를 받으면 자동으로 채팅창 맨 아래 있는 '받는 사람'이 보낸 사람 이름으로 바뀝니다. 1:1 채팅 메시지를 받았거나, 1:1 채팅을 하신 후에 모든 참가자에게 채팅 메시지를 보내고 싶다면 '받는 사람'을 '모두'로 변경해 주어야 합니다.

교수학습 활동 계획에 맞춰 참가자 채팅 권한을 설정하세요.

Webex 참가자 메뉴에서 참가자들의 채팅 권한 설정과 변경을 할 수 있습니다. 예를 들어 참가자들에게 전체 채팅은 허용하고 1:1 채팅은 허용하지 않을 수 있습니다. 또한 1:1 채팅이 가능한 대상 범위를 정할 수도 있습니다.

Webex 참가자 채팅 권한 설정 옵션

①Step1 Webex 화면 상단의 '참가자' 메뉴를 클릭합니다.

②Step2 참가자 메뉴 중 '권한 할당'을 클릭합니다.

③Step3 새로 뜬 [참가자 권한]창 통신 탭에서 참가자 채팅 권한을 설정합니다.

　- '비공개로' 부분에서 비공개로 채팅할 수 있는 대상을 선택해 클릭합니다.

　- 호스트 앞 박스만 체크하면 참가자는 호스트에게만 비공개 채팅을 보낼

　　수 있으며, 다른 참가자 앞 박스를 체크하면 참가자는 다른 참가자들과

　　도 비공개 채팅을 주고 받을 수 있습니다.

PART 14

반응 아이콘 활용
퍼실리테이션

가장 쉽고 빠르게 현황과 의견을 파악하는 방법

(Function) 반응 아이콘 Reaction Icon 기능 소개

> > >

〈Zoom 반응 아이콘〉

학습자는 반응 아이콘 참가자 창 하단에 있는 여러 개 아이콘 을 활용하여 자신의
의견을 간단하고 빠르게 표현할 수 있습니다. 참고로 반응 아이콘 기
능은 인스턴트 피드백 Instant Feedback , 스테이터스 인디케이터 Status Indicator
라고도 부릅니다.

Zoom 반응 아이콘 기능의 구체적인 활용 방법은 다음과 같습
니다.

① 반응 아이콘 보내기와 지우기

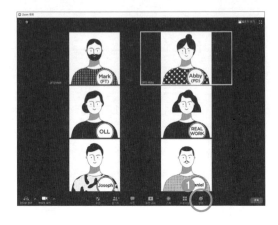

1 Step1 Zoom 회의실 하단의 '반응' 버튼을 클릭합니다.

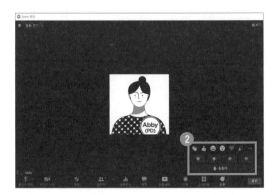

2 Step2 Zoom 회의실 하단의 '반응' 버튼을 클릭합니다.

〈Webex 반응 아이콘〉

① 반응 아이콘 보내기와 지우기

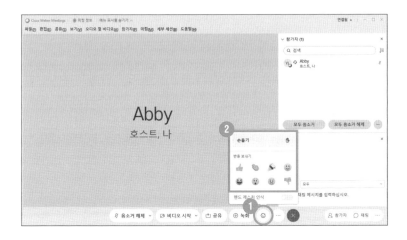

❶ Step1 Zoom 회의실 하단의 '반응' 버튼을 클릭합니다.

❷ Step2 '반응' 아이콘 중 하나를 선택해 클릭합니다.

▷ 손들기: 손들기 아이콘은 클릭하면 비디오창과 참가자창에 손모양이
표시됩니다. 시간이 지나도 저절로 사라지지 않으므로, 손을 내리려면
손들기 아이콘을 한 번 더 클릭해야 합니다.

▷ 반응 보내기: 노란색 반응 아이콘들은 클릭하면 비디오창에 아이콘 모
양이 표시되면, 시간이 지나면 저절로 사라집니다.

▷ 핸드 제스처 인식: 비디오를 켜고 핸드 제스처 인식을 활성화하면, 참
가자 비디오를 통해 인식된 손 모양이 아이콘으로 표시됩니다. (엄지 척,
박수 등 손 모양 아이콘)

참여와 몰입을 높이는 반응 아이콘
퍼실리테이션 가이드

> > >

반응 아이콘 기능은 어떤 특징이 있나요?

반응 아이콘은 채팅과 마찬가지로 온라인 라이브 클래스에서 손쉽게
활용할 수 있는 강력한 기능입니다. 반응 아이콘 기능을 활용하면 학습
자들에게 즉각적이고 가벼운 참여를 수시로 이끌어낼 수 있습니다.

반응 아이콘 기능은 언제 사용하면 좋을까요?

온라인 라이브 클래스에서 학습자 참여 빈도를 높이고 싶을 때 다
양한 반응 아이콘을 적절하게 활용하면 좋습니다. 학습자 상태를 빠
르게 파악해야 할 때도 유용하지요. 학습자들에게 질문 또는 의견이
있는지, 요청한 특정 활동을 완료했는지를 반응 아이콘으로 표시하게
할 수 있고요. 강의에 참여하는 학습자들의 학습 동기가 낮은 경우에
는 학습자의 주의 환기 용도로 쓰기도 합니다.

반응 아이콘 기능을 효과적으로 활용하려면 어떻게 해야 할까요?

① 손들기 아이콘 활용 방법

일전에 만났던 학습자 한 분이 "강의 중에 말하려고 하는데 다른

Zoom 반응 아이콘 명칭

분과 목소리가 겹쳐지니 그 후부터는 아예 말하기가 꺼려졌다"라는 이야기를 하셨는데요. '손들기' 아이콘은 학습자의 질문을 채팅이 아닌 음성으로 받을 때 학습자 간에 말이 겹치지 않게 할 목적으로 사용하면 유용합니다. 예를 들어 질문 있는 학습자들에게 먼저 '손들기' 아이콘으로 의사를 표시하게 한 뒤 교수자가 손을 든 학습자들을 한 명씩 호명하여 질문하게 할 수 있습니다.

이 외에도 강의 중 학습자들에게 자료 Reading Material 를 전송하고 읽을 시간을 주었을 때 자료를 다 읽은 학습자는 '손들기' 아이콘을 눌러 표시해 달라고 요청하면 좋습니다. 학습자 모두가 자료를 읽느라 침묵이 흐르는 동안에도 참가자창에 하나둘씩 올라오는 손 모양을 보면서 학습자들의 활동이 계속되고 있음을 확인할 수 있으니까요. 교수자는 참가자창에 표시된 손 모양 수를 세어가며 전체 활동 진행 상황을 모니터링할 수도 있습니다.

② 예/아니오 아이콘 활용 방법

예/아니오 아이콘은 간단한 찬반 투표에 활용하세요. 예를 들어 "잠깐 쉬는 시간을 가질까요?", "이 부분에 대한 설명이 조금 더 필요하나요?", "제 의견에 동의하시나요?" 등과 같은 질문의 대답을 예/아니오 아이콘을 활용하여 답하게 할 수 있습니다.

특히 이 기능을 활용할 때 교수자 호스트 화면에는 예/아니오 아이콘을 누른 참가자 수가 자동 계산되어 해당 아이콘 위에 표시되므로 정확한 투표 결과를 빠르게 확인할 수 있습니다. 참고로 이 숫자는 학습자 참가자 화면에는 표시되지 않습니다.

예/아니오 반응 아이콘 활용 사례

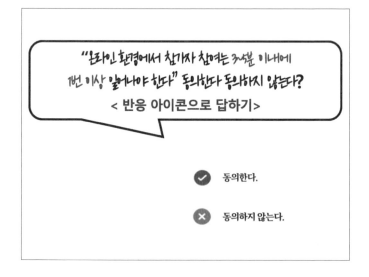

[호스트 뷰] 반응 아이콘 수 합계 표시 교수자(호스트) 참가자창 하단에는 참가자가 누른 반응 아이콘 수가 자동 합산되어 표시됩니다.

③ 추가 반응 아이콘 활용 방법

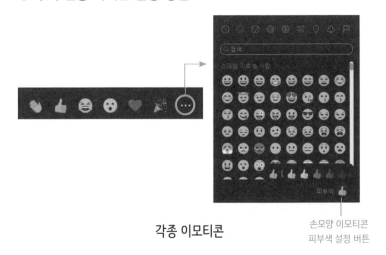

각종 이모티콘

손모양 이모티콘
피부색 설정 버튼

추가 반응 아이콘은 아래와 같이 활용하도록 학습자에게 안내할 수 있습니다.

- ▷ 박수 아이콘: 다른 사람을 칭찬하거나 응원할 때
- ▷ 엄지척 아이콘: 다른 사람 의견에 찬성할 때

참가자창 하단의 반응 아이콘 수 합계는 호스트만 보인다는 사실을 기억하세요.

참가자가 누른 반응 아이콘 수 합계는 호스트 화면에만 보입니다. 예전에 이 사실을 깜빡하고 "여러분, 지금 '예'라고 대답한 사람이 모두 몇 명이죠?"라고 질문한 적이 있었는데요. 그때 학습자분들께서 참가자창에 표시된 '예' 표시를 일일이 세어보신 후 대답하셔서 당황했던 적이 있었습니다.

반응 아이콘을 활용한 활동이 마치면 다음 활동을 위해 아이콘을 모두 지워주세요.

교수자 호스트 는 한 수업에서 반응 아이콘을 활용한 활동을 여러 번 진행할 수 있습니다. 예, 아니요 등의 아이콘은 저절로 지워지지 않으므로 한번 활동을 하고 나면 다음 활동을 위해 모든 반응 아이콘을 지워주어야 합니다. 호스트에게는 참가자창 하단에 '모두 피드백 지우기' 메뉴가 보입니다.

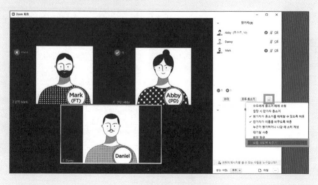

[호스트 뷰] 반응 아이콘 모두 지우기 교수자 호스트 참가자창 하단 ⋯ 버튼 클릭 후 '모든 피드백 지우기' 메뉴를 선택하면, 참가자가 보낸 모든 반응 아이콘을 한꺼번에 지울 수 있습니다.

Zoom에서 다양한 반응 아이콘을 활용하려면 사전에 홈페이지에서 사용 설정을 하세요.

Zoom 프로 요금제 이상을 구매하셨다 하더라도 참가자창에 다양한 반응 아이콘이 나타나게 하려면 다음과 같이 zoom.us 사이트에 로그인해 사전에 사용 설정을 해주셔야 합니다.

Zoom에서 다양한 반응 아이콘이 나타나게 하는 방법

1 Step1 zoom.us에 접속 후 로그인 합니다. 회원가입을 하지 않은 경우에는 회원가입부터 진행해야 합니다.

2 Step2 화면 왼쪽 메뉴에서 '설정'을 클릭합니다.

3 Step3 화면 오른 쪽 부분의 스크롤을 내리다 보면 '회의 중(기본)' 부분이 있습니다. 해당 부분에서 '음성 이외 피드백' 문구 끝에 있는 오른쪽 라디오 버튼을 활성화하면, 이후 개설한 회의실에서 다양한 반응 아이콘이 나타납니다.

PART 15

주석 활용 퍼실리테이션
'찍고, 그리고, 쓰고, 지우는'
쌍방향 소통 방법

(Function) 주석 Annotation 기능 소개

> > >

〈Zoom 주석〉

▷ Zoom에서는 '화면공유' 기능을 활용하는 동안에만 '주석'
  메뉴가 보입니다.

▷ 주석 기능은 공유 중인 화면 위에 글을 쓰거나 도형을 그리고
  싶을 때 사용할 수 있습니다.

Zoom 주석 기능의 구체적인 활용 방법은 다음과 같습니다.

① 주석 작성 시작하기

화면 공유자의 주석 작성 시작 방법

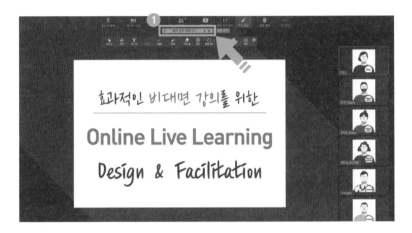

[호스트 뷰] 주석 작성 툴바 띄우기 – 호스트가 화면을 공유했을 때

① Step1 화면 가장 상단에 보이는 '화면 공유 중입니다' 문구 위로 마우스 커서를 이동합니다.

② Step2 메뉴바가 나타나면 '주석 작성'을 선택합니다.

③ Step3 '주석 작성'을 선택하면 여러 가지 주석을 작성할 수 있는 툴바가 뜹니다. 여기에서 사용할 주석 도구를 선택합니다.

학습자 ^{참가자} 의 주석 작성 시작 방법

[참가자 뷰] 주석 작성 툴바 띄우기

① Step1 화면 가장 상단에 보이는 '화면을 보고 있습니다' 문구 위로 마우스 커서를 이동한 뒤, 옆에 보이는 '옵션 보기'를 클릭합니다.

② Step2 '옵션 보기'를 아래 보이는 메뉴바에서 '주석 작성'을 선택합니다.

③ Step3 '주석 작성'을 선택하면 여러 가지 주석을 작성할 수 있는 툴바가 뜹니다. 여기에서 사용할 주석 도구를 선택합니다.

② 주석 툴바 메뉴를 활용하여 주석 작성하기

주석 툴바에서 사용할 주석 종류를 선택한 뒤 공유된 화면에서 주석을 작성할 위치를 클릭합니다.

각각의 주석은 다음과 같은 기능을 합니다.

　○ 마우스 : 공유화면의 특정 부분을 가리킴

- 텍스트 : 공유화면에 글씨를 씀

- 그리기 : 공유화면에 여러 가지 모양의 도형을 그림

- 스탬프 : 공유화면에 다양한 모양의 도장을 찍음

- 화살표 : 공유화면에 찍는 사람의 이름이 적힌 화살표를 표시함

- 지우개 : 작성한 주석을 하나씩 낱개로 삭제

- 형식 : 텍스트 주석 글자의 색깔, 글씨체, 크기 변경

- 지우기 : 작성한 주석 전체를 삭제

- 저장 : 공유화면과 작성된 주석을 한꺼번에 이미지로 저장

〈Webex 주석〉

Webex에서도 '화면공유' 기능을 활용하는 동안 '주석' 기능을 활용하여 보이는 화면 위에 글을 쓰거나 도형을 그릴 수 있습니다.

Webex 주석 기능의 구체적인 활용 방법은 다음과 같습니다.

발표자의 Webex 주석 작성 시작 방법

[발표자 뷰] 주석 작성 툴바 띄우기

❶ Step1 화면 공유 중, 화면 위쪽으로 마우스를 가져가면 보이는 컨트롤 박스에서 '주석' 버튼 클릭

② Step2 주석 툴바가 보이면, 원하는 주석 도구를 활용하여 주석 작성

〈발표자가 참가자 전체에게 주석 허용〉

화면 왼쪽에 보이는 툴바에서 ✎ 버튼을 클릭하면, 주석을 허용할 사람을 선택할 수 있습니다. '모두' 선택시 참가자 전체가 주석을 사용할 수 있게 됩니다.

〈Webex 주석 종류〉

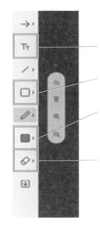

텍스트 주석 : 공유된 화면 위에, 글을 쓸 때

도형 주석 : 공유된 화면 위에, 도형을 그릴 때

텍스트 색깔 변경 :
텍스트 주석의 글자 색을 변경할 때

주석 삭제 : 내가 작성한 주석을 삭제할 때 (참가자
는 자신이 작성한 주석만 삭제 가능, 호스트/공동 호
스트는 모든 참가자가 작성한 주석 전체 삭제 가능)

〈학습자 참가자 의 Webex 주석 작성 시작 방법〉

화면 왼쪽에 보이는 '주석' 버튼을 클릭하면, 발표자에게 주석 허용을
요청하는 메시지가 발송됩니다. 참가자는 발표자가 승인한 이후부터
주석 사용이 가능합니다.

Facilitation 참여와 몰입을 높이는
주석 퍼실리테이션 가이드

> > >

주석 기능은 어떤 특징이 있나요?

주석 기능은 오프라인 교육과 마찬가지로 교수자가 판서를 위해 쓸
수 있으며, 여러 학습자를 동시에 강의에 참여하게 하는 도구로 활용
할 수 있습니다.

주석 기능은 언제 어떻게 쓰면 효과적일까요?

① **무기명 투표가 필요한 경우, 스탬프 주석을 활용하세요.**

화면을 공유한 사람은 투표 시작 전, '주석자 이름 숨기기' 메뉴를 반
드시 선택해두어야 참가자들이 무기명으로 주석을 작성할 수 있습니다.

스탬프 주석 종류

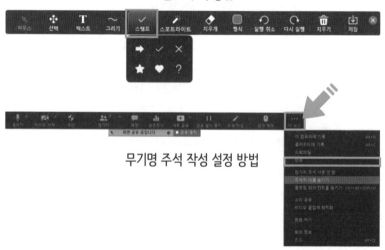

무기명 주석 작성 설정 방법

스탬프 주석 도구를 활용해서 간단한 무기명 투표 Mini Survey 를 해보세요. 예를 들어 공유화면에 척도 Scale 로 답할 수 있는 설문조사를 띄워두고, 학습자에 자신이 해당하는 점수에 스탬프를 찍게 할 수 있습니다.

스탬프를 활용한 설문조사 사례

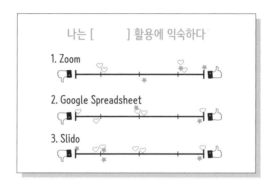

또는 스탬프를 의견 수렴 도구로 활용하여 여러 문장이나 의견 중 동의하는 것에 투표하게 할 수 있습니다.

스탬프를 활용한 의견 수렴 사례

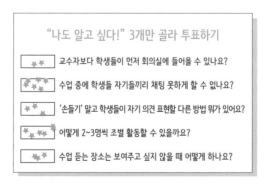

② 학습자들의 의견을 모아 한눈에 보고 싶은 경우, 텍스트 주석을 활용하세요.

텍스트 주석과 텍스트 주석의 색깔/글씨체/크기 변경을 위한 메뉴

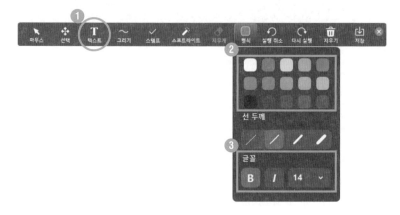

① 텍스트 주석 작성

② 텍스트 주석 색깔 변경

③ 텍스트 글꼴 변경

텍스트 기능을 활용해 학습자들에게 자신의 생각이나 의견을 공유 화면 위에 적게 하세요. 이 기능은 학습자들이 작성한 내용을 가지고 교수자가 덧붙여 강의를 하거나 학습자들 간에 서로 성찰의 시간을 갖는 등 따라오는 추가적인 활동이 있을 때 활용하면 좋습니다.

왜냐하면 채팅은 새로운 메시지가 채팅창에 올라올 때마다 기존 내용이 위로 밀려 올라가 학습자가 쓴 내용을 한눈에 보기 어려운 반면,

주석은 학습자가 작성한 내용 전체가 공유화면 위에 보이기 때문에 학습자가 쓴 모든 내용을 한눈에 볼 수 있기 때문입니다.

텍스트 주석 기능을 활용할 때 주의할 점은 각각의 학습자가 쓴 텍스트가 겹쳐 보이지 않도록 교수자가 잘 가이드 해야 한다는 것입니다. 현재 Zoom에서는 한 학습자가 작성한 텍스트 주석은 작성을 완료한 뒤 마우스를 다른 곳으로 옮겨야지만, 다른 사람들에게 내용이 보입니다. 그래서 여러 학습자가 동시에 텍스트 주석을 작성하는 경우 다 쓰고 난 뒤에 보면 주석이 겹쳐 적힌 경우가 많습니다.

텍스트를 활용한 의견 수집 사례 1
비어있는 화면에 자유롭게 작성

온라인 라이브 수업을 진행하면서 가장 어려운 점은?

뭔가 모르게 엄청 피곤함. 이것저것 신경쓸 게 너무 많음

한 게 너무 많아요

산만해요

그냥 다요

중간에 들어오는 학생들이 자꾸 마이크를 켜고 테스트해서 정신이 없어요

멀티가 안됨

기술적 문제가 계속 생겨요. 할 때마다

기능들이 아직 많이 어색하데요

비디오를 안켜는 사람들이 있어서 수업을 듣는 것인지 확인이 안됨

출석체크가 어려움 온라인에서 장시간 집중이 가능할까요?

딴짓하는 사람들 관리하기가 어려움

텍스트 주석을 안 겹치게 작성하려면 다음의 두 가지 방법을 사용하세요.

(1)텍스트를 쓰게 할 때 학습자가 쓸 공간을 구분해줍니다. 예를 들어 학습자 이름 중 성의 초성을 활용해 칸을 나눠주거나 각 학습자가 주석을 작성할 곳에 학습자의 이름을 적어줍니다.

텍스트를 활용한 의견 수집 사례 2
이름 중 성의 초성으로 주석 쓸 곳을 정해준 뒤 작성

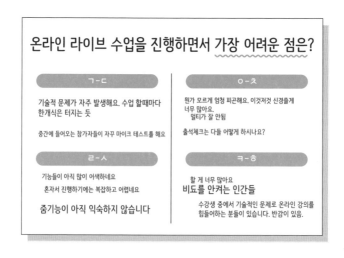

(2)엑셀에 학습자 명단과 주제를 쓰고 그 파일을 화면 공유하여 주석을 작성하게 합니다.

텍스트를 활용한 의견 수집 사례 3
엑셀에 명단을 쭉 적고 그 옆 칸에 작성

◢	A	B	C	D
1		5주간 가장 배우고 싶은 것은?		
2	1 ○○○님	학습자 입장에서 준비하는 자세 및 설계방법을 배우고 싶어요		
3	2 ○○○님	러닝퍼실리테이션 통한 효과적인 학습전이요		
4	3 ○○○님	효과적인 전수과 교육방법		
5	4 ○○○님	정보전달 강의를 FT로 어떻게 설계하고 진행할 수 있을지 배우고 싶습니다		
6	5 ○○○님	참여자 중심교육에 대하여 배우고 싶습니다		
7	6 ○○○님	부모 -> 자녀에게 진짜 배움을 위한 적용법		
8	7 ○○○님	러닝 퍼실리테이션 강의 설계 방법(디자인)		
9	8 ○○○님	학생들을 자유롭게 하는 법		
10	9 ○○○님	퍼실리테이션을 알고자 하는 학습자분들께 러닝퍼실리테이션을 통해 ...		

③ 강의 중 강조하고 싶은 내용이 있는 경우, 그리기 주석을 활용하세요.

그리기 주석 종류

오프라인 강의에서 교수자가 강조하고 싶은 내용이 있으면 아래 밑줄을 긋거나 동그라미를 그리는데요. 온라인 라이브 클래스에서는 그리기 주석을 활용하여 이러한 활동을 할 수 있습니다.

④ 다음 슬라이드로 넘어가기 전에 주석을 모두 지워주세요.

주석 기능 작성 시 유의할 점은 교수자가 다음 슬라이드로 넘어가기 전 반드시 이전 화면에 작성한 주석을 모두 지워야 한다는 것입니다. Zoom에서는 특정 슬라이드를 화면공유하고 그 위에 주석을 작성했을 때 교수자가 슬라이드를 다음 장으로 넘겨도 앞 장에 작성한 주석이 그대로 남아있기 때문인데요. 오프라인 강의에서 다른 내용을 적기 위해 먼저 칠판에 적힌 내용을 지우는 작업이라고 생각하면 될 것 같습니다.

지우기 주석 종류 - 교수자 호스트 뷰

Abby's TIP

정확한 투표 결과가 필요한 경우에는 주석 스탬프 투표보다 설문조사 기능을 활용하세요.

스탬프 주석을 활용하여 설문조사를 하면 무기명 투표를 할 수 있다는 장점이 있지만, 투표 결과를 빠르고 정확하게 셀 수 없다는 단점이 있습니다. 스탬프로 투표를 하다 보면 여러 스탬프가 겹쳐 찍히기도 하고 학습자 수가 많은 경우에는 찍힌 개수를 세는데 시간이 상당히 소요되거든요. 그래서 정확한 투표 결과가 필요한 경우에는 스탬프가 아닌 설문조사 기능을 활용하는 것이 좋습니다.

학습자들이 투표하는 도중에 다른 사람의 투표 내용을 보지 못하게 하고 싶을 때도 설문조사 기능을 쓰세요.

교수자 호스트 와 참가자는 주석 툴바 메뉴가 다르다는 사실을 기억하세요.

학습자들에게 주석 기능을 활용한 활동을 요청할 때는 참가자에게 보이는 주석 툴 중 하나를 선택해야 한다는 사실을 잊지 마세요. 예를 들어 '선택'이나 '추천' 주석 툴은 호스트에게만 보입니다.

◀ PART 16 ▶

설문조사 활용 퍼실리테이션
4가지 투표방식,
제대로 골라서 활용하는 방법

(Function) 설문조사Poll 기능 소개

〉〉〉

〈Zoom 설문조사〉

▷ Zoom에서는 '설문조사' 기능을 활용하여 객관식 선택형 설문을
진행할 수 있습니다.

▷ 참고로 현재 Zoom 버전에서는 주관식 단답형, 서술형 설문은 불가
능합니다.

Zoom 설문조사 기능의 구체적인 활용 방법은 다음과 같습니다.

① 설문조사 작성 시작하기

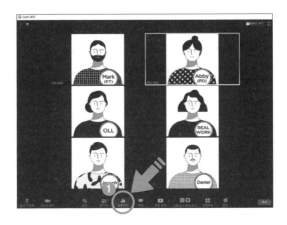

❶ Step1 Zoom 회의실 하단의 '설문조사' 버튼을 클릭합니다.

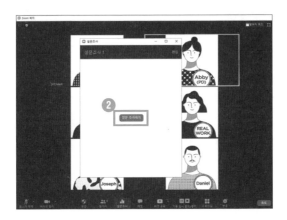

❷ Step2 '설문조사' 팝업 창이 뜨면 '질문 추가하기' 버튼을 클릭합니다.

② 설문조사 문항 작성하기

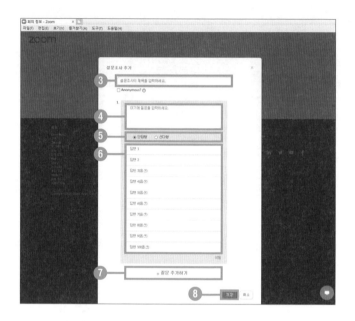

③ Step3 설문조사 제목을 적습니다

④ Step4 설문조사 질문을 적습니다.

⑤ Step5 보기 문항 다중 선택 가능 여부를 결정한 뒤 선택합니다.

　▷ 단답형: 응답자가 보기 문항 중 한 개 문항만 선택 가능

　▷ 선다형: 응답자가 보기 문항 중 여러 개 문항을 선택 가능

⑥ Step6 설문조사 질문의 보기 문항을 차례로 입력합니다.

⑦ Step7 설문조사 질문을 추가하려면 '+질문 추가하기' 버튼을 클릭합니다.

⑧ Step8 모든 설문조사 작성이 끝나면 '저장' 버튼을 클릭합니다.

③ 설문조사 시작하기

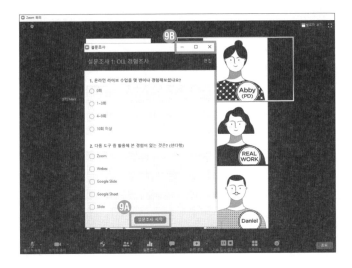

9A Step9A '설문조사 시작' 버튼을 클릭해 설문조사를 바로 시작합니다.

9B Step9B 설문조사를 바로 시작하지 않고, 이후 다른 시점에 시작하고 싶은 경우에는 '-'나, '×'를 눌러 설문조사 창을 닫아 둡니다. 설문조사를 시작하려고 할 때 Zoom 회의실 하단의 '설문조사' 버튼을 클릭하면 다시 창이 뜹니다.

`Facilitation` 참여와 몰입을 높이는 설문조사 퍼실리테이션 가이드

>>>

설문조사(Poll) 기능은 어떤 특징이 있나요?

설문조사 기능은 학습자가 온라인 라이브 플랫폼 기능에 익숙하지 않더라도 직관적으로 쉽게 참여할 수 있는 장점이 있으며 전체 학습자들의 의견을 빠르게 수집하는데 유용합니다.

설문조사 기능은 언제 어떻게 쓰면 효과적일까요?

① 강의 오프닝 시 학습자를 파악하기 위한 퀴즈를 출제하세요.

강의를 시작할 때 설문조사 기능을 활용하여 그날 학습할 주제에 대한 간단한 퀴즈를 내보세요. 학습자의 사전지식 또는 사전경험 수준을 확인하는 데 도움이 됩니다.

② 무기명 설문이나 투표가 필요할 때 사용하세요.

설문조사 기능을 활용하면 채팅을 활용한 설문과 달리 무기명 설문과 투표를 할 수 있습니다. 주석 스탬프 기능을 활용해서도 무기명 투표는 가능하나, 학습자 수가 많을 때는 설문조사 기능을 이용하는 것이 설문결과를 정확히 확인하는 데 편리하답니다.

③ 상황에 맞춰 설문조사 결과를 언제 공개할지 결정하세요.

설문결과를 실시간으로 보여주면 즉각적인 학습자 흥미 유발이 가능합니다. 설문결과를 모든 투표가 종료된 시점에 공유하면 결과에 대한 학습자의 기대감을 유지할 수 있어 좋고요. 어떤 효과가 더 필요할지 판단하여 설문결과 공개 시점을 선택하세요.

투표 목적에 맞춰 적절한 기능을 선택해 활용하세요.

온라인 라이브 플랫폼에서 투표를 위해 활용할 수 있는 기능은 네 가지가 있습니다. 효과적인 학습을 위해 각 방식의 특징을 이해하고 학습 활동 목적에 맞게 적절한 도구를 선택해 활용하세요.

구분	특징
채팅 투표	○ 질문을 던지고 채팅창에 답하게 하는 형식으로 간단하고 빠르게 투표 가능 ○ 선택형, 단답형, 서술형 질문 모두 가능
예/아니오 반응 아이콘 투표	○ 시각화된 투표 결과를 바로 확인 가능 ○ 교수자는 정확한 투표 결과를 화면에서 볼 수 있음 ○ 예, 아니오로만 답할 수 있기 때문에 단답형, 서술형 질문은 불가능
스탬프 주석 투표	○ 시각화된 투표 결과를 바로 확인 가능 ○ 스탬프가 겹쳐 찍힐 수 있어 정확한 투표 결과를 보기보다 전체 경향성을 보기에 적합 ○ 무기명 투표 가능 ○ 이름이 나오는 화살표 주석, 이름이 적힌 슬라이드 화면공유 기능을 함께 사용하면 기명 투표도 가능
설문조사 투표	○ 정확한 투표 결과 확인 가능 ○ 학습자들에 투표 결과를 보여줄 시점을 교수자가 결정할 수 있음 ○ 투표 도중 서로의 투표 내용을 볼 수 없기 때문에 투표 결과의 편향 Bias 을 줄일 수 있음 ○ 무기명 투표 가능

주관식(단답형, 서술형) 설문이 필요한 경우에는 다른 애플리케이션을 활용하세요.

객관식 선택형 이 아닌 주관식 단답형 또는 서술형 으로 설문을 해야 할 때는 구글 설문지 Google Survey, 서베이몽키 SurveyMonkey, 슬라이도 Slido 등을 활용하시면 좋습니다.

Zoom의 설문조사 기능을 활용하려면 사전에 홈페이지에서 사용 설정을 하세요. Zoom 프로 요금제 이상을 구매하셨다 하더라도 설문조사 기능을 활용하려면 다음과 같이 zoom.us 사이트에 로그인해 사전에 사용 설정을 해주셔야 합니다.

Zoom 설문조사 기능 사용 설정 방법

1 Step1 zoom.us에 접속 후 로그인 합니다. 회원가입을 하지 않은 경우에는 회원가입부 터 진행해야 합니다.

2 Step2 화면 왼쪽 메뉴에서 '설정'을 클릭합니다.

3 Step3 화면 오른쪽 부분의 스크롤을 내리다 보면 '회의 중(기본)' 부분이 있습 니다. 해당 부분에서 '폴링' 문구 끝에 있는 오른쪽 라디오 버튼을 활성화하면, 이후 개설한 회의실에서 설문조사 기능을 사용할 수 있습니다.

PART 17

화면공유 활용 퍼실리테이션
강의 슬라이드는 안전하게,
동영상은 끊김 없이 보여주는 방법

(Function) 화면공유 Screen / Content Sharing 기능 소개

> > >

〈Zoom 화면공유〉

Zoom에서는 '화면공유' 기능을 활용하여 교수자는 물론 학습자
가 자신의 화면이나 콘텐츠를 공유할 수 있습니다.

Zoom 화면공유 기능의 구체적인 활용 방법은 다음과 같습니다.

① 화면공유 시작하기

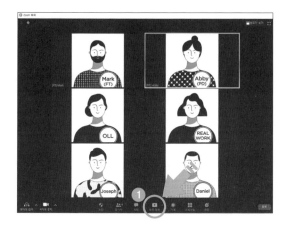

❶ Step1 Zoom 회의실 하단의 '화면 공유' 버튼을 클릭합니다.

② 공유할 화면 선택하기(기본 옵션)

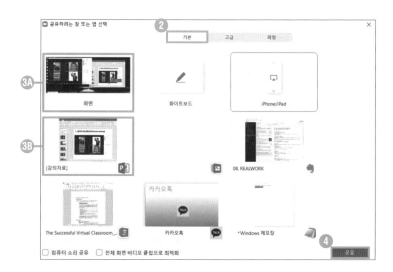

② Step2 새로 뜬 [공유하려는 창 또는 앱 선택] 팝업 창 [기본] 탭에서 공유할 내용을 선택합니다. 참고로 이 창에는 그 시점에 '화면 공유' 버튼을 클릭한 참가자 컴퓨터에 열려 있는 모든 애플리케이션이 보여집니다.

③A Step3A 특정 앱이 아닌 컴퓨터 화면 전체를 그대로 공유하고 싶으면 좌측 상단의 '화면'을 선택합니다.

③B Step3B 특정 콘텐츠만 공유하고 싶으면 두 번째 줄부터 보여지는 앱 중 하나를 선택합니다.

④ Step4 공유할 화면이나 콘텐츠를 선택했으면 '공유'를 눌러 화면 공유를 시작합니다.

③ 추가 옵션 선택하기 (고급 옵션)

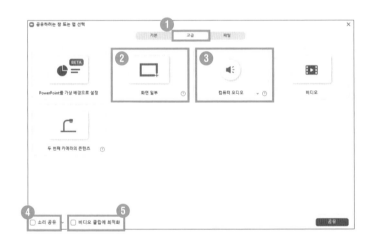

❶ '고급' 탭 활용 보다 다양한 화면 공유 설정을 할 수 있습니다.

❷ 화면일부: 프로그램이 아닌 컴퓨터 화면의 일부를 공유하고 싶을 때 '화면 일부'를 선택하면 컴퓨터 화면에 녹색 박스가 뜹니다. 그 녹색 박스 크기와 위치를 공유하고 싶은 부분에 맞게 조정한 뒤 '공유' 버튼을 누르면 그 녹색 박스 안의 내용만 공유됩니다.

❸ 컴퓨터 오디오: 화면은 공유하지 않고 컴퓨터 소리만 공유하고 싶을 때 화면은 공유하지 않고 컴퓨터에서 재생 중인 소리(음악 등)만 공유됩니다.

❹ 소리 공유: 화면과 컴퓨터 소리 둘 다 공유할 때 체크 '소리 공유' 앞 박스에 체크하면 화면과 컴퓨터에서 재생 중인 소리 둘 다 공유됩니다.

❺ 비디오 클립에 최적화: 동영상을 재생하여 공유할 때 체크

'화면 일부' 공유를 활용한 사례

학습자에게 보여주고 싶은 강의 슬라이드 부분에 맞춰,

화면에 나타난 녹색 박스의 크기와 위치를 조정하였습니다.

〈Webex 화면공유〉

Webex에서도 '공유' 메뉴 또는 '응용 프로그램 공유' 기능을 활용

하여 교수자는 물론 학습자가 자신의 화면이나 콘텐츠를 공유할 수

있습니다.

Webex 화면공유 기능의 구체적인 활용 방법은 다음과 같습니다.

Webex 화면공유 기능 활용 방법

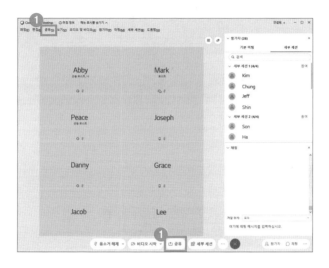

❶ **Step1** Webex 회의실 하단의 '공유' 버튼 또는 상단의 '공유' 메뉴를 클릭합니다.

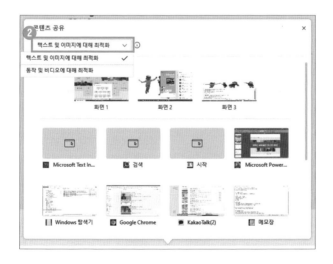

❷ Step2 공유하는 콘텐츠 종류에 맞춰 공유 옵션을 선택합니다.

 ▷ 텍스트 및 이미지에 대해 최적화: 텍스트나 이미지를 공유할때

 ▷ 동작 및 비디오에 대해 최적화: 영상이나 오디오(소리)를 공유
   할 때

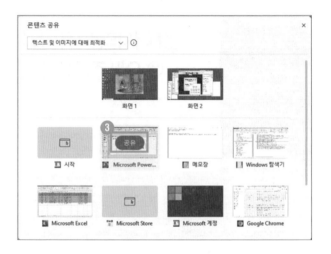

❸ Step3 공유할 콘텐츠를 선택한 뒤 '공유' 버튼 클릭

참여와 몰입을 높이는

화면공유 퍼실리테이션 가이드

> > >

화면공유 기능은 어떤 특징이 있나요?

화면공유 기능은 오프라인 강의에서 교수자가 빔프로젝터를 활용하여 강의 슬라이드를 학습자에게 보여주는 것과 유사합니다. 하지만 온라인 라이브 환경에서는 컴퓨터를 바꾸거나 USB나 이메일로 자료를 이동하는 등의 과정 없이 교수자뿐만 아니라 학습자도 손쉽게 콘텐츠를 공유할 수 있다는 것이 큰 장점입니다.

화면공유 기능은 언제 어떻게 쓰면 효과적일까요?

① 전체 화면을 공유할 때는 특히 주의하세요.

하나의 응용 프로그램이 아닌 컴퓨터 화면 전체를 공유하는 것은 지양하세요. 학습자의 시선이 화면 이곳저곳을 헤매는 동안 수업 집중도가 떨어질 수 있습니다.

또한 컴퓨터 바탕화면에 있는 아이콘, 웹 브라우저의 즐겨찾기, 검색엔진의 지난 검색 기록 등 화면 전체를 공유한 사람의 개인적인 정보와 설정이 여과 없이 보여지기 때문에 잘못하면 원치 않게 프라이버시를 침해당할 가능성도 생깁니다. 혹시 학습을 위해 전제 화면공유가 꼭 필요하다면 불필요한 아이콘이나 설정 등은 미리 정리하시길 권합니다.

② 화면공유 기능을 활용해 강의하는 경우, 듀얼 모니터를 사용해 보세요.

교수자가 강의 PPT를 슬라이드 쇼로 화면 공유할 때는 듀얼 모니터를 이용해 '발표자 보기 도구'를 써보세요. 이렇게 하면 화면이 공유된 상태에서도 강의 흐름에 따라 강의 슬라이드의 순서를 바꾸거나 내용을 수정 보완할 수 있고요. 종종 예상치 못한 기술 이슈 발생으로 시간 여유가 없을 때 자연스럽게 강의 슬라이드를 건너뛸 수 있어 편리하거든요. 듀얼 모니터 세팅에 관한 내용은 4장에서 좀 더 자세히 다루겠습니다.

③ 공유하는 강의 슬라이드의 가독성을 확보하고 적절한 이미지를 충분히 활용하세요.

이건 D사와 미팅하면서 나온 이야기인데요. D사에서는 올 하반기부터 지역 담당자 대상 기존 오프라인 과정을 온라인 라이브 클래스로 진행하고 있다고 하셨습니다. 하다 보니 쉽지 않은 부분이 여럿 있었는데 그 중 하나가 프로젝터용 강의 슬라이드를 온라인 라이브 강의에서 그대로 사용하니 글자가 너무 작고 많아 보기가 힘들다는 것이었습니다.

온라인 라이브 플랫폼에서 학습자에게 화면공유로 보이는 화면 크기는 매우 작습니다. 따라서 오프라인 교육보다도 온라인 교육에서 강의 슬라이드 작성 원칙을 지켜 자료를 만드는 것이 더욱 필요합니다.

온라인 라이브 클래스의 강의 슬라이드 작성 원칙은 네 가지로 요약할 수 있습니다.

- 한 슬라이드에 하나의 메시지 (One Message per Slide)
- 메시지는 짧고 간단하게 (Keep It Short & Simple)
- 글자는 크고 또렷하게 (Keep it Large & Legible)
- 글자 크기는 최소 20pt 이상으로

하나 더하자면 슬라이드 3~4장당 한 번꼴로 학습자의 흥미를 불러일으키는 이미지를 활용하는 것도 추천해 드립니다. 학습자의 주의 환기에도 도움이 되고 시각요소가 메시지를 직관적으로 이해하게 돕거든요.

④ 동영상을 재생하여 공유할 때는 추가 설정을 해주세요.

동영상을 직접 재생하여 공유할 때는 끊김, 지연 재생 현상을 방지하기 위해 (1)학습자들의 비디오를 모두 *끄게* 하고, (2)'컴퓨터 소리 공유'와 '전체 화면 비디오 클립을 위해 공유 최적화' 옵션을 설정하세요.

Zoom에서 추가 설정 방법은 다음과 같습니다.

동영상을 재생하여 공유할 때 Zoom 최적 세팅

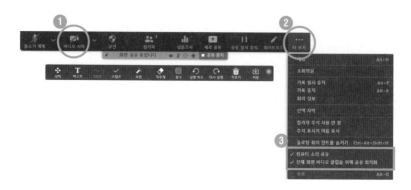

❶ Step1 비디오 사용을 중지합니다. 학습자들에게도 비디오를 끄도록 안내합니다.

❷ Step2 화면 공유 중 뜨는 상단 메뉴에서 '더 보기' 메뉴를 클릭합니다.

❸ Step3 새롭게 뜬 하단 메뉴에서 '컴퓨터 소리 공유'와 '전체 화면 비디오 클립을 위해 공유 최적화' 두 개 메뉴를 클릭합니다.

그래도 계속 버퍼링이 심하다면 YouTube에 해당 동영상을 먼저 올려놓고 YouTube 링크를 학습자에 공유하거나 동영상 파일 자체를 공유하는 것도 괜찮은 방법입니다.

⑤ 학습자들과 깊은 논의를 할 때는 화면공유를 중지하세요.

학습자들과 깊은 논의를 진행하고자 할 때는 (1)교수자는 '화면공유'를 중지하고, (2)학습자들에게 비디오 보는 방법을 '갤러리 보기'로 설정하게 합니다. 이어서 (3)학습자들 전체가 '비디오'를 켜도록 하면 모두가 한 장소에서 대화하는 학습 분위기를 연출할 수 있습니다.

발표자 보기 화면 예시

❶ 비디오 보는 방법을 '발표자 보기'로 선택하면, 비디오 보는 방법이 표시되는 화면 우측 상단에 '갤러리 보기' 버튼이 생깁니다.

❷ 비디오 보는 방법을 '발표자 보기'로 선택하면, 화면에 현재 말하는 사람의 얼굴 또는 프로필 사진만 표시됩니다.

갤러리 보기 화면 예시

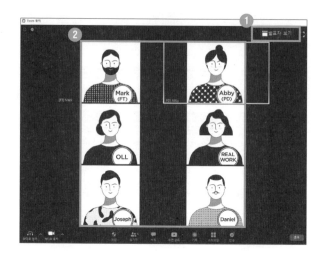

① 비디오 보는 방법을 '갤러리 보기'로 선택하면, 비디오 보는 방법이
표시되는 화면 우측 상단에 '발표자 보기' 버튼이 생깁니다.

② 비디오 보는 방법을 '갤러리 보기'로 선택하면, 현재 수업에 참가한 모
든 사람들의 얼굴 또는 프로필 사진이 화면에 표시됩니다. 단, 사용하
는 모니터의 크기에 따라 화면에 보이는 사람 수는 차이가 있습니다.

Abby's TIP

필요에 따라 화면공유 옵션을 사전 설정하세요.

화면공유 옵션을 어떻게 설정하느냐에 따라 화면을 공유할 수 있는 주체가 달라집니다. 예를 들어 '호스트만' 화면공유를 할 수 있게 설정하면 학습자는 자신의 화면이나 콘텐츠를 공유할 수 없습니다. 강의 중에 학습자들도 자신이 준비한 자료나 콘텐츠를 화면공유를 통해 발표시킬 계획이라면 '고급 공유 옵션'에서 미리 모든 참가자가 화면공유를 할 수 있도록 설정해두어야 합니다.

Zoom 고급 화면공유 옵션 활용법

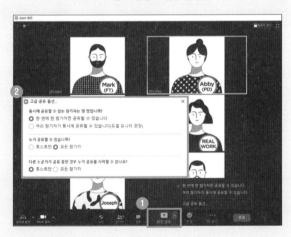

1 Step1 Zoom 회의실 하단의 '화면 공유' 옆 ⌃ 표시를 클릭한 뒤 '고급 공유 옵션' 메뉴를 선택합니다.

2 Step2 새로 뜬 [고급 공유 옵션] 팝업창에서 ① 동시에 화면 공유를 할 수 있는 참가자 수, ② 화면 공유할 수 있는 주체, ③ 누군가 이미 화면을 공유 중일 때 누가 공유를 시작할 수 있게 할 것인지를 설정합니다.

강의 슬라이드에 교수자의 사진이나 캐릭터 이미지를 추가해보세요.

2장에서 설명했듯이 온라인 교육 효과성은 크게 교수 실재감, 사회적 실재감, 인지적 실재감에 영향을 받는데요. 강의 슬라이드에 교수자의 사진이나 캐릭터 이미지를 적절히 삽입하면 교수 실재감을 높일 수 있습니다. 약간의 재미요소도 넣을 수 있고요.

리얼워크 공개과정에 사용했던 FT 사진과 캐릭터가 들어간 강의 슬라이드 예시

공유하는 자료의 저작권을 꼭 확인하세요.

오프라인 강의도 마찬가지지만 온라인 라이브 클래스에서 공유하는 자료는 특히 더 저작권에 대한 주의가 필요합니다. 교수자가 생각지도 못한 곳까지 자료가 퍼져나가기도 하니까요.

이미지, 동영상, 글씨체, 음원 등 자료에 삽입된 모든 요소의 저작권을 꼭 확인하세요. 이미지는 가능하면 처음부터 저작권 없는 무료 이미지를 제공하는 사이트 픽사베이, 언스플래쉬, 픽셀 등 에서 검색해서 활용하시면 좋습니다. 또는 구글 이미지 검색 https://www.google.co.kr/imghp?hl=ko 사이트에 접속해 우측 하단의 '설정' 메뉴 클릭 후 '고급 검색' 메뉴를 선택한 뒤 '사용 권한'을 '사용, 공유 가능 상업적 용도 포함 '으로 지정한 후에 검색할 수 있습니다.

글씨체는 무료 폰트라도 상업적 용도로도 무료로 쓸 수 있는지 반드시 확인하세요. 강의자료뿐 아니라 홍보자료에 쓰는 글씨체도 꼭 확인하는 것이 좋습니다. 참고로 상업적으로 이용 가능한 한글 폰트는 https://noonnu.cc/에서 검색하실 수 있습니다.

① Step1 구글 이미지 검색 창 우측 하단의 '설정'을 클릭합니다.

② Step2 메뉴에서 '고급검색'을 선택합니다.

③ Step3 '사용 권한'을 '사용 또는 공유 가능 상업적 용도 포함'으로 설정합니다.

온라인 라이브 애플리케이션의 콤비네이션

구글 슬라이드(Slides) & 스프레드시트(Sheets), 슬라이도
(Slido), 멘티미터(Mentimeter), 잼보드(Jamboard)

온라인 라이브 클래스에서는 플랫폼에서 제공하는 기능 외에
도 다양한 애플리케이션을 활용할 수 있습니다. 오프라인 강의와
달리 모든 학습자가 자신의 컴퓨터를 가지고 인터넷에 접속한 상
태이기 때문에 다양한 애플리케이션을 적절히 조합 combination 하기
만 한다면 온라인 라이브만의 강점을 살리는 강의가 가능합니다.

단, 애플리케이션을 선보이기 위해 사용하지는 마시고 학습 목
표 달성에 도움이 된다고 판단할 때만 사용하세요. 학습자가 활용
법을 익히느라 피로감을 느끼지 않아야 하거든요. 그래서 애플리
케이션은 학습자의 ICT 정보통신기술 활용 역량을 고려하여 선택하
시는 것이 중요합니다.

그럼 지금부터 유용한 몇 개 애플리케이션의 기능 활용법과 특
징, 그리고 실제 활용사례를 소개하겠습니다.

PART 18

구글 슬라이드와
스프레드시트 활용법
그룹별 공동작업과 결과물 공유가 필요하다면

(Function) 구글 문서 Google Slides & Sheets 기능 소개

> > >

구글 문서는 공동작업에 유용한 애플리케이션입니다. 교수자가 구글 문서를 만들고 그 링크를 공유하기만 하면 여러 학습자가 함께 서로의 작업 현황을 보며 함께 문서를 작성할 수 있습니다. 구글 문서는 별도 프로그램을 설치할 필요 없이 인터넷만 연결되어 있으면 되는데요. 그래서 모든 참가자가 인터넷에 접속해 있는 온라인 라이브 클래스에서 학습자 협업 작업이 필요한 경우 활용하면 좋습니다.

① 구글 문서 만들기

docs.google.com에 접속 후 구글 계정으로 로그인합니다. 구글 계정

이 없는 경우 회원가입 후 로그인합니다.

새 구글 문서는 다음의 순서로 만듭니다.

❶ Step1 Google 문서가 열리면 좌측 상단의 ☰ 모양 '기본 메뉴'를 클

릭합니다.

② Step2 메뉴에서 원하는 구글 문서 형식을 선택합니다.

 ▷ 문서: Google Docs

 ▷ 스프레드시트: Google Sheets

 ▷ 프레젠테이션: Google Slides

② 구글 문서 공유하기(편집 권한 포함)

③ Step3 새로 만든 파일에 원하는 내용을 작성합니다.

④ Step4 우측 상단의 '공유' 버튼을 클릭해 해당 파일의 공유 대상과

권한을 설정합니다.

⑤ **Step5** 새로 뜬 팝업 창에서 하단의 '링크 보기' 상자 안 어느 곳이든

클릭합니다.

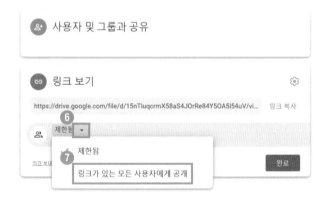

⑥ **Step6** 바뀐 화면에서 '제한됨' 글자 옆 ▼ 를 클릭합니다.

⑦ **Step7** 새로 뜬 메뉴에서 '링크가 있는 모든 사용자에게 공개'를 선

택합니다.

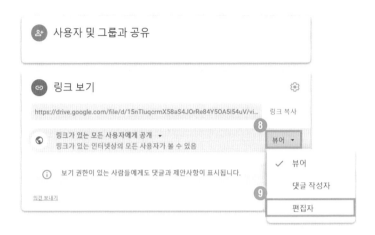

⑧ Step8 바뀐 화면에서 '뷰어' 글자 옆 ▼ 를 클릭합니다.

⑨ Step9 새로 뜬 메뉴에서 '편집자'를 선택합니다.

⑩ Step10 '링크 복사'를 클릭해 링크가 복사되면, 그 링크를 학습자들
에게 보냅니다. 복사된 링크를 클릭해 해당 구글 문서에 접속한 모든
학습자는 문서 편집자 권한을 갖게 됩니다.

⑪ Step11 '완료' 버튼을 눌러 공유 설정을 마칩니다.

(Facilitation) 참여와 몰입을 높이는
구글 문서 퍼실리테이션 가이드
>>>

구글 문서의 특징은 무엇인가요?

좋은 점	▷ 구글 문서를 만들었다면 그 문서는 구글 계정이 없는 학습자들에게도 공유할 수 있습니다.
	▷ 구글 문서의 공유권한을 어떻게 설정하느냐에 따라 학습자가 할 수 있는 활동의 범위가 달라집니다.
	– 뷰어: 학습자들이 문서를 볼 수만 있습니다.
	– 댓글 작성자: 학습자들이 문서를 보고 댓글을 달 수 있습니다.
	– 편집자: 학습자들이 문서를 편집할 수 있습니다.
	▷ 동시에 여러 명이 작업을 해도 각 사람이 작성하는 부분에 커서가 표시되기 때문에 작업이 겹칠 염려가 없습니다.
아쉬운 점	▷ 구글 계정이 있는 사람만 구글 문서를 만들 수 있습니다.
	▷ 사용법이 익숙하지 않은 학습자들에게 편집 권한을 주고 산출물을 만들게 하면 어려워할 수 있습니다.
	▷ 핸드폰으로 접속한 경우에는 쓰기 불편합니다.

구글 문서는 언제 어떻게 쓰면 효과적일까요?

① 활동 템플릿, 워크시트 등을 구글 슬라이드 파일로 만들어 공유하세요.

소그룹 활동 산출물을 구글 슬라이드로 만들어 공유하세요. 이때 소그룹별로 구글 슬라이드 파일을 하나씩 주는 것이 아니라 구글 슬라이드 파일은 한 개로 만들되 장표를 여러 개 만들어 소그룹별로 구분해줍니다.

이렇게 하면 좋은 점이 여러 가지 있는데요. 먼저 학습자 입장에서는 (1)다른 학습자들과 쉽게 공동 작업할 수 있고, (2)활동하는 중간에 다른 소그룹의 활동을 볼 수 있으며, (3)서로 실시간 피드백이 가능합니다.

교수자 입장에서는 (1)소회의실에 직접 들어가지 않고도 구글 문서를 보며 모든 소그룹 활동을 모니터링할 수 있으며, (2)학습자들의 몰입을 방해하지 않을 수 있고, (3)오프라인 강의처럼 원더링 플립차트 Wandering Flip Chart 20 활동도 할 수 있습니다.

학습자들이 구글 슬라이드에 의견 작성 중인 모습

② 학습자들의 논의 내용을 종합한 후 다음 활동을 하고자 할 때 구글 스프레드시트에 의견을 쓰게 해보세요.

학습자들이 낸 의견을 종합하여 함께 본 뒤 이어서 다른 활동을 진행하거나 강의를 하고자 할 때는 구글 스프레드시트에 의견을 쓰게 하면 편리합니다.

구글 스프레드시트는 학습자들이 쓴 내용이 문서에 한눈에 보기 쉽게 정리되어 좋습니다. 채팅창에 의견을 받으면 학습자들이 쓴 내용이 계속 위로 밀려 올라가기 때문에 여러 학습자가 쓴 내용을 종합해서 확인하기 어려운 점을 보완할 수 있습니다.

구글 스프레드시트는 누군가 내용을 작성하려고 문서를 클릭하면 클릭한 부분에 작성자 이름과 커서가 표시됩니다. 그래서 '텍스트 주석'과 달리 여러 사람이 함께 작업해도 내용이 겹쳐 적히지 않습니다.

학습자들이 구글 스프레드시트에 의견 작성 중인 모습

논의 주제가 민감한 내용이 아니라면 구글 스프레드시트 한 열에 학습자들의 이름을 쭉 적어 놓고 각자 의견을 옆 칸에 쓰게 할 수도 있는데요. 이렇게 하면 학습자 수가 많은 강의에서 채팅이나 주석을 쓸 때 누가 참여하고 있고 안 하고 있는지 한눈에 파악하기 쉬워집니다.

PART 19

슬라이도 활용법
익명 작성과 선호도까지 고려한
Q&A와 다양한 설문을 원한다면

(Function) 슬라이도 Slido 기능 소개

> > >

Slido는 Q&A 세션과 라이브 설문조사에 활용할 수 있는 애플리케이션입니다. 교수자는 Slido로 질문을 받거나 객관식 및 주관식 설문을 진행할 수 있습니다. 학습자는 별도 프로그램을 설치할 필요 없이 QR코드 스캔 또는 간단한 숫자 입력만으로 Slido 활동에 참여하고 결과를 실시간으로 확인할 수 있습니다.

① Slido 새 이벤트 만들기

slido.com에 접속 후 로그인합니다. 계정이 없는 경우 회원가입 후 로그인합니다. 로그인 후 다음 절차에 따라 Slido 새 이벤트를 만듭니다.

① Step1 'Schedule event'를 클릭하여 수업에 쓸 이벤트를 생성합니다.

② Step2 새로 만들 이벤트의 이름을 적습니다.

③ Step3 이벤트 시작 날짜와 끝나는 날짜를 입력합니다.

④ Step4 원하는 이벤트 코드를 입력합니다. 별도로 입력하지 않으면 화

면에 나오는 번호로 정해집니다. ※이벤트 코드는 영문자와 숫자 조합
으로 만들 수 있습니다. (회사명이나 과정명을 코드로 사용 가능)

⑤ Step5 모든 항목의 입력이 끝나면 'SCHEDULE EVENT'를 클릭해
세부 내용을 입력합니다.

② Slido로 설문하기

▷ 객관식 설문 만들고 공유하기

⑥ Step6 'Live poll' 탭을 클릭합니다.

⑦ Step7 만들고자 하는 설문조사 종류를 선택합니다.

▷ Multiple choice: 객관식 설문

▷ Word cloud: 단어의 빈도 시각화

▹ Quiz: 퀴즈

▹ Rating: 리커트 척도(Likert Scale) 설문

▹ Open text: 주관식 설문

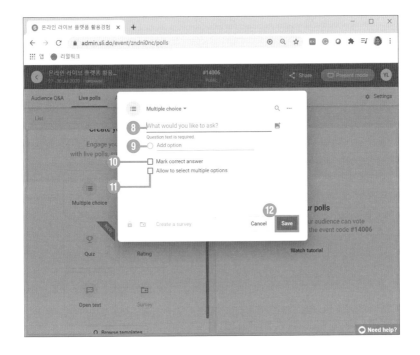

객관식 설문 만들기 - Multiple choice 선택 시

8 Step8 첫 번째 줄에 설문 질문을 작성합니다.

9 Step9 두 번째 줄부터는 보기 문항(option)을 적습니다.

10 Step10 보기 문항 중 정답을 저장해두려면 이 박스에 체크합니다.

11 Step11 보기 문항을 다중 선택할 수 있게 하려면 이 박스에 체크합니다.

12 Step12 'Save' 버튼을 클릭해 설문 문항을 저장합니다.

⑬ Step13 'Present mode'를 클릭한 후, 'Present in a new tab' 메뉴
를 선택합니다.

⑭ Step14 질문 받을 대상에게 새 탭 화면에 나온 문구와 QR 코드를 공유합니다. 학습자들은 핸드폰으로 QR 코드를 찍거나, 인터넷 주소창에 slido.com을 치고 들어가 보이는 화면에 #뒷글자를 입력하여 Q&A 이벤트에 참여할 수 있습니다.

▷ 리커트 척도 Likert Scale 설문 만들고 공유하기

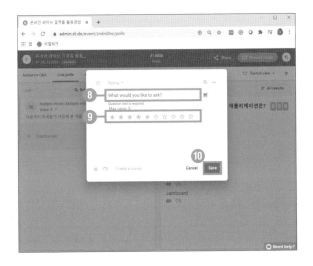

객관식 설문 만들기 - Rating 선택 시

❽ Step8 설문 질문을 적습니다.

❾ Step9 원하는 리커트 척도에 따라 노란색 별 개수를 선택합니다.

(5점 척도: 별 5개 선택 / 7점 척도: 별 7개 선택)

❿ Step10 'Save' 버튼을 클릭하여 설문 문항을 저장합니다.

⓫ Step11 'Present mode'를 클릭한 후, 'Present in a new tab' 메뉴를 선택합니다.

온라인 라이브 클래스 Online Live Class

⑫ Step12 질문 받을 대상에게 새 탭 화면에 나온 문구와 QR 코드를 공

유합니다. 학습자들은 핸드폰으로 QR 코드를 찍거나, 인터넷 주소창에

slido.com을 치고 들어가 보이는 화면에 #뒷글자를 입력하여 Q&A 이

벤트에 참여할 수 있습니다.

③ Slido로 질문받기 (Q&A 이벤트 만들고 공유하기)

⑥ Step6 'Audience Q&A'가 선택된 상태인지 확인합니다.

⑦ Step7 'Present mode'를 클릭한 후, 'Present in a new tab' 메뉴

를 선택합니다.

⑧ Step8 질문 받을 대상에게 새 탭 화면에 나온 문구와 QR 코드를 공유합니다. 학습자들은 핸드폰으로 QR 코드를 찍거나, 인터넷 주소창에 slido.com을 치고 들어가 보이는 화면에 #뒷글자를 입력하여 Q&A 이벤트에 참여할 수 있습니다.

▷ 강의 중 즉석에서 **Q&A** 이벤트를 만들어 활용하고자 할 때 다음 절차에 따라 'Quick event' 메뉴를 이용하면 편리합니다.

1 Step1 'Quick event'를 클릭합니다.

2 Step2 'Showing Q&A' 문구를 확인합니다.

3 Step3 질문 받을 대상에게 화면에 나온 문구와 QR 코드를 공유합니다. 학습자들은 핸드폰으로 QR 코드를 찍거나, 인터넷 주소창에 slido.com을 치고 들어가 보이는 화면에 #뒷글자를 입력하여 Q&A 이벤트에 참여할 수 있습니다.

Facilitation 참여와 몰입을 높이는
슬라이도 Slido 퍼실리테이션 가이드

> > >

Slido의 특징은 무엇인가요?

좋은 점	▷ 접속 방법이 간편하고 핸드폰으로도 불편함 없이 참여할 수 있습니다. ▷ 직관적인 인터페이스로 학습자가 따로 활용법을 배우지 않아도 쉽게 사용할 수 있습니다. ▷ Q&A 이벤트는 익명으로 자유롭게 질문이나 의견을 올리는 데 유용합니다. 특히 올라온 내용에 투표할 수 있어 편리합니다. ▷ 객관식, 주관식 설문을 할 수 있으며 결과를 실시간으로 확인할 수 있습니다.
아쉬운 점	▷ 깊이 있는 논의나 협업을 통해 산출물을 만들어야 하는 활동에는 적합하지 않습니다.

Slido는 언제 어떻게 쓰면 효과적일까요?

① Slido Q&A 이벤트를 활용해 참가자들의 질문을 받아보세요. 투표 기능을 활용하면 가장 많은 사람이 궁금해하는 질문부터 차례로 답할 수 있습니다.

Slido의 Q&A 이벤트에는 올라온 질문에 투표하는 기능이 있습니다. 참가자들이 투표를 시작하면 결과가 실시간으로 집계되어 가장 많은 투표를 받은 순서대로 질문이 정렬되는 것이 특징입니다.

저는 주로 강의 끝날 때쯤이 아닌 중간쯤에 Slido를 이용해서 지금까지 배운 내용과 관련해 궁금한 것이나 추가로 더 알고 싶은 것을 질문하게 하는데요. 학습자들이 시간에 쫓기지 않고 편안하게 하고 싶은 질문을 마음껏 할 수 있도록 하기 위해서입니다. 그리고 Slido에 질문이 어느 정도 올라오고 나면 다시 학습자들에게 올라온 질문들을 읽고 투표할 시간을 주는데요. 투표는 올라온 질문의 우측 상단에 있는 엄지 모양의 '좋아요' 버튼을 클릭해서 할 수 있습니다. 투표가 끝나면 '좋아요'를 가장 많은 받은 질문부터 답합니다. 이렇게 하면 많은 사람이 관심 있고 궁금한 질문부터 답할 수 있어 강의시간을 효율적으로 쓸 수 있습니다.

참여 인원이 많은 웹캐스트 Webcast 나 웨비나 Webinar 에서 특히 유용합니다.

투표 결과에 따라 정렬된 Slido Q&A 이벤트 결과

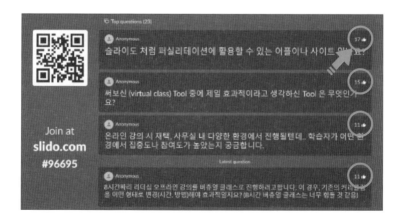

투표결과에 따라 정렬된 질문 참가자들이 무기명으로 올린 질문이 투표
를 많이 받은 순서대로 정렬되어 보입니다.

② 강의 시작 전 Slido 객관식 설문을 활용해 학습자의 사전지식
이나 경험을 확인해보세요.

강의시간에 다룰 내용을 얼마나 알고 있는지 또는 몇 번이나 경험해
본 적이 있는지 간단한 설문을 강의 시작 전에 하면 학습자들의 사전
지식이나 경험을 확인할 수 있어 좋습니다.

PART 20 ◀ ▶

멘티미터 활용법
깔끔한 무기명 설문결과를 기대한다면

Function 멘티미터 Mentimeter 기능 소개

> > >

Mentimeter는 교수자와 학습자의 상호작용을 돕는 다양한 타입의 프레젠테이션을 만들 수 있는 애플리케이션입니다. Slido와 유사하게 질의응답, 설문조사를 위해 활용할 수 있으며 추가로 퀴즈와 발표 활동에도 쓸 수 있습니다. 실시간 반응을 볼 수 있어 편리합니다.

① Mentimeter에서 새 프레젠테이션 만들고 공유하기

https://www.mentimeter.com에 접속 후 로그인합니다. 계정이 없는 경우 회원가입 후 로그인합니다. 로그인 후 다음 절차에 따라 새 Mentimeter 문서를 만듭니다.

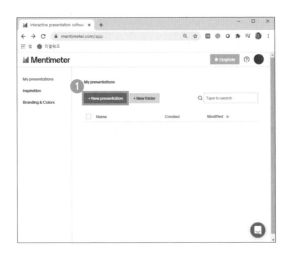

1 Step1 'New presentation'을 클릭합니다.

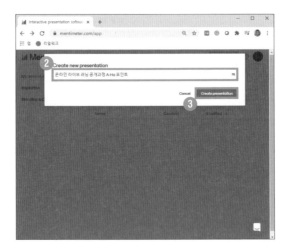

2 Step2 새로 만들 문서 이름을 적습니다.

3 Step3 'Create presentation'을 클릭합니다.

온라인 라이브 클래스 Online Live Class

❹ Step4 문서 형태를 선택합니다. 특정 문서 형태 위에 마우스를 올리

면 가운데 부분에 산출물 모양이 보입니다.

    ▷ Multiple Choice: 객관식 설문 시 활용

    ▷ Open Ended: 주관식 설문 시 활용

    ▷ Quiz Competition: 퀴즈 제출 시 활용

▷ 주관식 설문하기

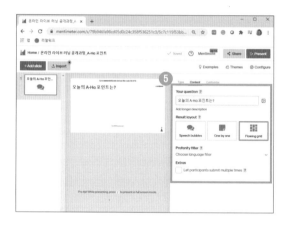

❺ Step5 선택한 문서 형태로 새 문서를 만들 수 있는 창이 뜨면 내용을
입력/선택 합니다.

    ▷ Your question: 주관식 질문 적기

    ▷ Result layout: 답변이 보여지는 모양 선택

    ▷ Extras: 다중 대답 가능 여부 선택

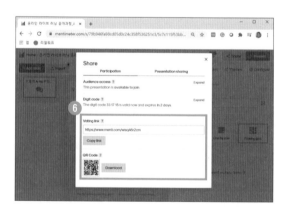

6 Step6 설문조사 대상(학습자)에게 Voting link와 QR Code를 공유

합니다. 학습자들은 Voting link를 클릭하거나, 핸드폰으로 QR코드를

찍어 설문조사에 참여할 수 있습니다.

7 Step7 'Presentation sharing'탭을 클릭하여 학습자들에게 라이브

설문결과 공유 방법을 선택할 수 있습니다. (Link to the live results:

이 링크에 접속하면 실시간 설문 결과를 볼 수 있음)

② Mentimeter 결과 보기 및 저장

설문결과는 excel, pdf, 이미지 파일 형식으로 저장할 수 있습니다.

결과 저장 'Download results' 버튼을 클릭하면 결과 저장 옵션을 선택하는 창이 뜹니다. 해당 창에서 Excel, pdf 파일, 이미지로 저장할 수 있습니다. 단, Excel 파일로 저장하기 위해서는 유료 서비스 결제가 필요합니다.

참여와 몰입을 높이는

멘티미터 Mentimeter 퍼실리테이션 가이드

> > >

Mentimeter의 특징은 무엇인가요?

좋은 점	▷ 접속 방법이 간편하고 핸드폰으로도 불편함 없이 참여할 수 있습니다. ▷ 직관적인 인터페이스로 학습자가 따로 활용법을 배우지 않아도 쉽게 사용할 수 있습니다. ▷ 객관식, 주관식 설문을 할 수 있으며 결과를 실시간으로 확인할 수 있습니다. ▷ Quiz competition을 활용하면 퀴즈대회, 골든벨과 같은 활동이 가능합니다. ▷ 학습자가 참여를 시작하면 실시간으로 결과를 볼 수 있습니다.
아쉬운 점	▷ 주관식 설문(Open Ended)의 경우 학습자는 글을 쓰는 동안 다른 학습자들의 글을 볼 수 없어 협업 활동에 활용하기 어렵습니다.

Mentimeter는 언제 어떻게 쓰면 효과적일까요?

① 주관식 설문 Open Ended 을 활용하여 학습자들에게 강의 내용을 리뷰할 시간을 주세요.

강의 오프닝 시 "지난 강의 내용 중 가장 기억에 남는 핵심 단어는?"이라는 질문으로 설문을 하고 응답을 말풍선 모양으로 받아보세요. 설문이 끝나면 교수자는 학습자가 올린 단어 중 몇 개를 선택하여 지난 시간에 학습한 내용을 리뷰해 줄 수 있습니다.

강의 끝나기 전 해당 강의에서 배운 내용과 관련하여 'Feel-Learn-Do 느낀 것, 새롭게 배운 것, 꼭 실천해 볼 것 ' 또는 "가장 와 닿은 A-Ha 포인트는?" 이라는 질문으로 설문을 하면 학습자들이 그 날 배운 것을 되돌아볼 수 있습니다.

강의 리뷰를 위해 Mentimeter를 활용한 사례

온라인 라이브 클래스 Online Live Class

PART 21

구글 잼보드 활용법
오프라인처럼 포스트잇을 사용하고 싶다면

(Function) **잼보드** Jamboard **기능 소개**

> > >

Jamboard는 일종의 스케치북과 같은 Jam ^{보드판}에 필기툴로 직접 글자를 쓰거나 그림을 그릴 수도 있고, 이미지나 파일을 추가할 수도 있는 애플리케이션입니다. 공유만 하면 하나의 Jam에서 여러 사람의 동시 작업이 가능해 협업에 유용합니다.

① Jamboard에서 새 Jam 만들고 공유하기

https://jamboard.google.com/에 접속 후 구글 계정으로 로그인합니다. 계정이 없는 경우 회원가입 후 로그인합니다.

로그인 후 다음 절차에 따라 새 Jam을 만듭니다.

❶ Step1 '+' 버튼을 클릭하여 새 Jam을 만듭니다.

❷ Step2 새 Jam의 이름을 입력합니다.

❸ Step3 공유하기 전 사전에 작성해 두고 싶은 내용을 도구를 활용
하여 적습니다.

❹ Step4 '공유' 버튼 클릭 후, 구글 문서와 동일한 방식으로 공유 권
한을 설정하고 공유 링크를 복사합니다.

참여와 몰입을 높이는
잼보드 Jamboard 퍼실리테이션 가이드

> > >

Jamboard의 특징은 무엇인가요?

좋은 점	▷ 포스트잇을 활용하여 생각을 나누는 오프라인 활동과 비주얼적으로 가장 유사하게 보여집니다.
	▷ 회원가입이나 프로그램 다운로드 절차 없이 공유 링크에 접속하여 협업할 수 있습니다.
아쉬운 점	▷ 텍스트를 작성하는 도구가 한정적이기 때문에 내용이 많이 들어가는 문서 작업에는 적절하지 않습니다. (스티커 메모 외 텍스트를 작성하는 도구가 없음)
	▷ 구글 계정이 있는 경우만 구글 잼보드를 만들 수 있습니다.

Jamboard는 언제 어떻게 쓰면 효과적일까요?

핵심 단어, 핵심 이미지 또는 간략하게 표현 가능한 의견을 수집할 때 활용하세요.

Jamboard는 보이는 이미지가 포스트잇과 유사해 학습자 흥미 유발이 필요한 활동에 사용하면 좋습니다. 단, 너무 내용을 길게 적게 되면 가독성이 떨어지기 때문에 간단한 단어와 짧은 문장으로 의견을 적게 할 때 활용하시길 권합니다. 화면공유 기능, Jamboard, 주석 기능을 함께 활용한 샘플을 소개합니다.

① ppt 장표로 만든 활동주제 화면공유 하기

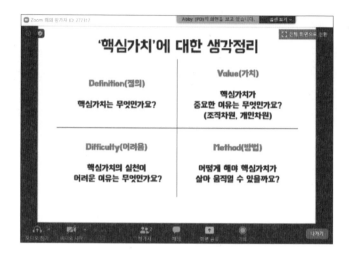

② 활동을 위한 새 Jam을 만든 후 참가자들에게 링크 공유하기

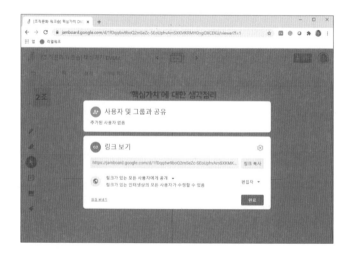

온라인 라이브 클래스 Online Live Class

③ 각 조는 자신의 조에 해당하는 Jam에 '스티커 메모'를 활용하
여 의견 개진하기

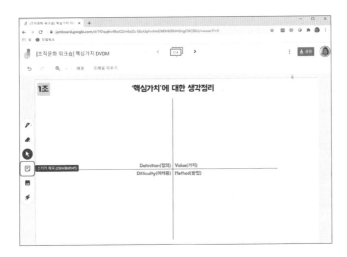

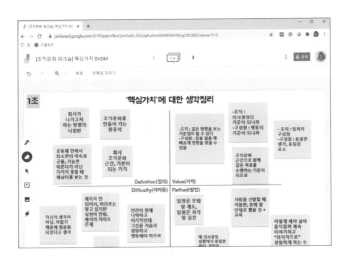

④ 조별로 조의 Jam을 화면공유하고 주석(스탬프) 기능을 활용하여 Voting 하기

⑤ 각각의 칸에서 제일 많은 스탬프가 찍힌 의견을 조의 대표 의견으로 표시하기

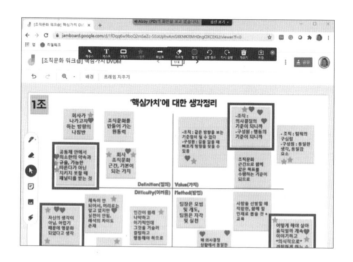

온라인 라이브 클래스 Online Live Class

세 번째 인터뷰
강원대 김상균 교수

1. 교수님과 교수님의 최근 활동에 대한 소개를 부탁드립니다.

저는 게이미피케이션을 탐구하는 인지과학자입니다. 학교, 일터에서의 상호작용을 게임처럼 디자인하여 몰입도를 높이는 연구를 합니다. MOOC플랫폼 유데미에서 온라인 강좌를 5년째 운영 중이고, 여러 기업과 기관의 온라인 학습 플랫폼, 오프라인 교육 콘텐츠 제작에 관여했습니다. 특히, 삼성그룹의 전사적 모바일 학습 플랫폼인 CIC2의 학습자, 교수자 경험 설계를 오랫동안 자문했으며, 삼성청년소프트웨어 아카데미의 교육과정 게이미피케이션을 담당했습니다.

2. 학생들을 가르치는 교수이자 게이미피케이션 전문가로서 '학습자의 참여'를 중요하게 여기시는 이유는 무엇인가요?

"들으면 잊는다. 보면 기억한다. 행동하면 이해한다. 플레이하면 변화한다." 제가 자주 하는 말입니다. 인터넷에 공자의 논어로 출처가 표기된 "들으면 잊는다. 보면 기억한다. 행동하면 이해한다."라는 문구가 많이 인용되고 있으나, 이는 부정확한 출처이며 작자가 불확실합니다.

저는 이 문구에 "플레이하면 변화한다."를 덧붙여서 학습자의 참여를 강조합니다. 학습은 인간의 마음과 행동에 변화를 끌어낼 수 있어야 합니다. 마음과 행동에 변화를 주지 못하는 학습은 그저 시험을 통과하기 위한 수단적 도구일 뿐입니다. 들은 것보다는 경험한 것이 우리의 마음과 행동에 깊은 변화를 줍니다. 그러기에 학습자는 참여를 통해 스스로 경험하며 배워야 합니다.

3. 온라인 라이브 클래스에서 학습자의 참여가 아주 잘 이뤄질 때도 있지만 그렇지 않을 때도 있습니다. 이 차이는 왜 생기는 것일까요?

수백 명이 참여하는 온라인 라이브 클래스가 잘 된 경우, 반대로 수십 명이 참여하는 온라인 라이브 클래스가 매끄럽지 못했던 경우가 있습니다. 이런 차이의 원인을 크게 두 가지로 봅니다.

첫째, 제 경우에는 단순하지만, 사전에 기술적 준비가 얼마나 잘 되어있는 지가 핵심이었습니다. 학습자의 온라인 라이브 클래스 경험, 디지털리터러시 역량은 크게 중요하지 않았습니다. 디지털 도구를 사용하는 학습이지만, 디지털 도구에 능통한 학습자만 참가하는 과정으로 설계하지는 않기 때문입니다. 주최 측에서 학습자가 사용할 하드웨어 랩톱, 태블릿, 헤드셋 등, 소프트웨어 화상회의툴, 인터넷 브라우저 등, 네트워크를 미리 잘 점검하고 준비한다면 온라인 라이브 클래스는 매끄럽게 운영됩니다.

둘째, 학습자가 학습에만 전념할 수 있는 환경인지가 중요합니다. 온라인 라이브 클래스에서 학습자는 공간의 제약을 받지 않습니다. 그러다 보니 대중교통을 이용하면서, 다른 업무를 보면서, 가족들과 함께 머무는 거실에서 학습에 참여하는 경우가 간혹 있습니다. 이럴 경우 학습에만 몰입하기 어렵습니다. 공간의 자유가 온라인 라이브 클래스의 장점이지만, 최소한 외부 환경의 간섭을 피할 수 있는 공간에서 학습에 참여해야 합니다.

4. 교사/강사가 온라인 라이브 클래스의 학습자 참여 방법을 준비하고 실행할 때, 꼭 고려하고 유의해야 할 점은 무엇인가요?

온라인 라이브 클래스에서 학습자의 경험은 크게 실재감, 응집도, 기인점의 세 축으로 결정됩니다. 교강사들은 클래스에서 학습자들이 느끼는 경험을 설계할 때 대부분 실재감과 응집도를 최대한 높이고, 가급적 기인점을 학습자에게 몰아주려고 합니다. 그러나 때로는 혼자 소파에 누워서 TED를 보는 낮은 실재감과 응집도, 외재적 기인점의 경험에서 깊은 인사이트를 얻기도 하지 않나요? 학습자의 참여, 경험이 한쪽으로 편중된다면 학습 피로도가 지나치게 증가할 수 있습니다. 또한, 학습 과정에서 인간의 뇌는 지배, 자극, 균형의 세 가지 감정에 영향을 받습니다. 다양한 경험, 다양한 감정을 학습자에게 선물해주시면 좋겠습니다. 영화의 클라이맥스와 같은 경험, 감정만으로 전체 스토리를 다 채우시지는 않았으면 합니다.

용어 설명 (편집자 주)

1. 실재감: 사람의 오감에 사실감을 주는 정도

2. 응집도: 다른 사람들과 관계가 응집된 정도

3. 기인점: 스스로 일을 얼마나 제어할 수 있는가에 대한 정도 (통제위치)

---

5. 학습자 참여를 위해 주로 사용하시는 온라인 라이브 플랫폼의 기능이나 애플리케이션은 무엇인가요? 주로 어떤 상황에서 어떻게 사용하시나요?

클래스123, 슬라이도, 멘티미터, 패들릿, 플레이더월드, 구스체이스, 브레이크아웃에듀, 구글독스, 클래스카드, 어파워미러, 에듀퍼즐 등 다양한 플랫폼과 앱을 활용합니다. 그러나 이런 플랫폼과 앱 자체를 학습하기 위한 클래스가 아닌 경우, 한 클래스에서 사용하는 플랫폼과 앱의 수를 가급적 최소화합니다.

소통에 누가 참여할까? 가면을 쓸까? 언제 소통할까? 무엇을 소통할까? 어떤 메시징 수단으로 소통할까? 이런 다섯 가지 질문을 놓고 학습 과정의 상호작용을 디자인하고, 그 상호작용을 유도하는데 가장 효율적인 플랫폼이나 앱을 사용합니다.

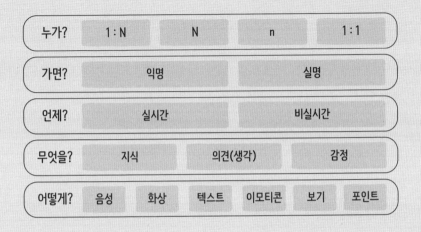

누가?	1 : N	N	n	1 : 1
가면?	익명		실명	
언제?	실시간		비실시간	
무엇을?	지식	의견(생각)	감정	
어떻게?	음성 화상 텍스트	이모티콘	보기	포인트

6. 마지막으로 온라인 라이브 클래스를 준비하는 교사/강사분들께 나누고 싶은 얘기가 있다면 부탁드립니다.

우리는 현명한 인간, 호모 사피엔스 Homo Sapiens 가 되기 위해 일생을 배우며 살아갑니다. 교실, 책, 필기도구만으로 가능했던 학습에 이제는 수많은 하드웨어, 플랫폼과 앱이 사용되고 있습니다. 호모 파베르 Homo Faber 답게 우리는 다양한 도구를 만들고 활용하면서 일생의 배움을 이어가고자 노력하고 있습니다. 호모 사피엔스가 되기 위한 호모 파베르의 여정이 즐거웠으면 좋겠습니다. 고통스러운 학습 과정을 참아낸 대가로 즐거움을 누릴 수 있는 사피엔스가 아니라, 배움의 여정 그 자체를 즐기는 호모 루덴스 Homo Ludens 가 되었으면 합니다. 성장하는 호모 루덴스의 여정을 의미 있고 아름답게 디자인하시는 교강사분들이 되시기를 진심으로 기원합니다.

" 재능은 게임에서 이기게 한다. "
그러나 팀워크와 이해력은 챔피언을 만든다.

마이클 조던(Michael Jordan)

4장

디테일이 살아있는
온라인 라이브 클래스 운영

Online Live Class

오프라인 교육에서 온라인 라이브 교육으로의 전환은 교육 내용도 내용이지만 교육 과정을 운영하는 방식의 대대적인 변화를 요구합니다. 게다가 실제 교육을 진행하는 과정에서 워낙 변수가 많고 돌발상황이 빈번하게 발생하다 보니 운영 담당자가 신경 쓸 것이 많은 것이 현실입니다.

현재 대다수 교수자와 HRD 담당자는 경험을 통해 조금씩 온라인 라이브 클래스 운영에 익숙해지고 있는 듯한데요. 이럴 때 조금이라도 시행착오를 줄여줄 수 있는 최소한의 가이드라인이 있으면 좋지 않을까 생각하며 이번 장을 준비했습니다. 그럼 지금부터 저희가 연구하고 경험한 내용을 바탕으로 정리한 프로듀서 활동 가이드 Producer Action, 개인 미니 스튜디오 세팅 가이드 Studio Setting, 트러블 슈팅 Trouble Shooting 가이드를 소개하겠습니다.

◀ **PART 22** ▶

● ● ●

개인기를 넘어 팀워크로 일하기
Producer Action Guide

효과적인 온라인 라이브 클래스를 위해 팀워크가 필요한 이유

> > >

온라인 라이브 클래스에서 교수자가 해야 하는 일에는 어떤 것들이 있을까요?

가장 먼저 강의가 있겠죠. 그리고 또 무엇이 있을까요? 채팅 내용을 확인하고 답하는 일, 비디오 창을 조정해가며 학습자 반응을 살피는 일, 강의 중간중간 필요한 자료 파일을 전송하는 일, 때때로 발생하는 기술 이슈에 대응하는 일, 만일을 대비해 만들어둔 카카오톡 그룹채팅 방을 확인하는 일 등이 있습니다. 추가로 강의 중 소그룹 활동을 한다면 소회의실 기능을 활용해 조를 나누고 각 소회의실에 학습자를 할당하는 일도 해야 합니다.

나열하고 보니 교수자가 혼자 처리해야 할 일이 꽤 많아 보이지 않나요? 온라인 라이브 클래스는 오프라인 교육에 비해 학습자와의 소통 채널이 다양하고, 참여와 몰입을 높이기 위해 다루어야 할 기능과 이슈가 많아 교수자가 바쁠 수밖에 없습니다.

그렇다면 교수자의 부담은 줄이고 학습 효과는 높이려면 어떻게 하면 좋을까요?

교수자 개인기가 아닌 팀워크로 일할 방법을 찾아야 합니다. 제가 추천해 드리는 방법은 교수자 Facilitator , 프로듀서 Producer , 기술 전문가 Technician 가 한 팀이 되어 교육 과정을 진행하는 것입니다.

교수자, 프로듀서, 기술 전문가 역할을 구분해보면 교수자는 교육 콘텐츠 전달 및 학습자와의 커뮤니케이션에 집중하고 프로듀서는 교수자와 학습자 모두를 지원하는 업무를 담당하는 것이 좋습니다. 기술 전문가는 서버, 시스템, 네트워크 문제와 같이 쉽게 해결할 수 없는 기술 이슈 대응을 전담하고요.

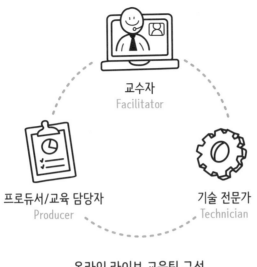

온라인 라이브 교육팀 구성

그럼 이제부터 교육 현장에서 아직은 생소한 프로듀서 역할에 대해 좀 더 자세히 알아보도록 하겠습니다.

프로듀서의 세 가지 핵심적인 역할

> > >

온라인 라이브 클래스에서 프로듀서 역할은 크게 세 가지입니다.

첫 번째는 운영자 Operator 로서의 역할입니다. 운영자로 활동하는 프로듀서는 기술 전문가가 직접 처리해야 하는 고도의 기술적 문제를 제외하고 교육 중 벌어지는 문제 대부분을 해결합니다 Trouble Shooting . 하울링이나 소회의실 튕김과 같은 기술적 이슈부터 수료기준 안내와 같은 비기술적 이슈까지 과정 운영과 관련한 전반적인 이슈에 대응합니다.

두 번째는 공동 교수자 Co-Facilitator 로서의 역할입니다. 프로듀서가 강의 콘텐츠에 전문성이 있는 경우라면 공동 교수자로 교수자와 함께 강의를 나누어 진행할 수 있습니다. 이렇게 하면 온라인 라이브 클래스에서 학습자의 몰입을 높이는 데 효과적인 목소리 섞기 Voice Mix 를 할 수 있는데요. 목소리 섞기란 강의 중 학습자들에게 한 사람의 목소리가 아닌 여러 사람의 목소리가 들려지게 함으로써 자칫 단조로울 수 있는 강의에 다채로움을 더하는 전략입니다. 두 명의 DJ가 공동으로 진행하는 라디오 방송을 떠올려보시면 이해가 쉬우실 것 같습니다.

세 번째는 교수 설계자 Designer 로서의 역할입니다. 2장에서도 다루었지만 온라인 라이브 과정 설계 시에는 모든 학습 활동이 이루어지는 온라인 라이브 플랫폼에 대한 충분한 이해가 필수적입니다. 프로듀서는 기본적으로 플랫폼의 기능과 활용법을 정확히 알고 있으므로 교수 설계 역량을 갖추었다면 온라인 라이브 과정 설계에 직접 참여할 수 있습니다. 실제 과정 설계가 가능한 프로듀서는 상당히 높은 수준의 전문성을 인정받아 미국에서는 교수자 FT 보다 더 높은 비용을 받는다고 합니다.

ATD Virtual Training Facilitation 과정을 들을 때 경험했던 일인데요. 해당 과정은 모든 세션에 두 명의 강사가 각각 퍼실리테이터 FT 와 프로듀서 PD 역할로 참여하는 온라인 라이브 클래스였습니다. 첫 시간에 인사를 나누는데 **FT** 역할을 하는 강사가 자신은 **PD** 역할을 하는 강사로부터 버추얼 클래스 퍼실리테이션을 배웠다고 말해서 놀랐던 기억이 납니다. FT보다 더 경험과 전문성이 있는 사람이 PD를 한다는 것이 참 신선하더라고요.

강의 진행 시 온라인 라이브 교육팀은 모두 한자리에 모여 있어야 할까요?

꼭 필요한 경우가 아니면 기술 전문가는 한 공간에 있는 것보다 자신이 기술적 이슈에 즉시 대응하기 편한 곳에 있으면 됩니다. 교수자와 프로듀서 역시 꼭 같은 공간에 있을 필요는 없으며 각자 자신의 역할을 하는데 편안한 장소에서 접속하면 되고요. 단 교수자와 프로듀서가 함께 강의를 진행하는 경우에는 같은 공간에 있거나, 다른 공간에 있다면 한 공간에 있는 것처럼 바로바로 의사소통할 수 있는 채널을 사전에 세팅해두는 것이 좋습니다. 실시간으로 학습자 반응에 맞춰 강의 내용을 조정하기에 편리하니까요.

교수자 FT 와 프로듀서 PD 가 한 공간에서 참여한 모습

온라인 라이브 교육에서 PD의 세 가지 역할

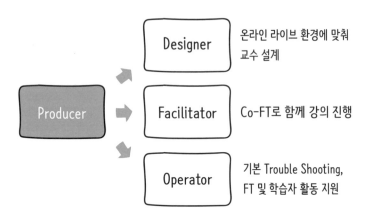

Designer	온라인 라이브 환경에 맞춰 교수 설계
Facilitator	Co-FT로 함께 강의 진행
Operator	기본 Trouble Shooting, FT 및 학습자 활동 지원

그런데 온라인 라이브 클래스 프로듀서는 반드시 위 세 가지 역할을 다 해야 할까요?

그렇지 않습니다. 모든 프로듀서가 세 가지 역할을 다 할 필요는 없고 할 수도 없습니다. 기관별 필요와 담당자의 역량에 맞춰 적절한 역할 범위를 정하시면 됩니다.

프로듀서가 공동 교수자 Co-Facilitator 와 교수 설계자 Designer 로서 해야 하는 활동은 교수자 Facilitator 가 하는 활동과 유사하므로, 지금부터는 운영자 Operator 역할을 하는 프로듀서가 해야 할 활동에 관해 설명드리겠습니다.

운영자 Operator 역할을 하는 프로듀서가
현장에서 해야 할 네 가지 활동

> > >

운영자로서 프로듀서의 가장 중요한 역할은 교수자는 강의에만, 학습자는 학습에만 몰입할 수 있도록 돕는 것입니다. 이를 위해 프로듀서가 현장에서 해야 할 네 가지 활동은 다음과 같습니다.

(1) 기술적 커뮤니케이션을 전담하라

① 강의 시작 전 비디오/오디오 연결상태를 점검합니다.

강의 시작 전 학습자들의 비디오와 오디오 연결상태를 확인합니다. 프로듀서는 모든 강의에 시작 시간보다 적어도 15분 일찍 참여하는 것을 권합니다. 차례로 입장하는 학습자들과 인사를 나누며 자연스럽게 비디오와 오디오 연결을 사전에 체크 할 수 있으니까요.

ATD 온라인 라이브 클래스에서는 프로듀서가 매 강의 시작 전 사전 활동 Warm-up Activity 을 진행했었는데요. 이 시간에 프로듀서는 해당 강의에서 배울 핵심 내용과 관련된 질문을 화면에 띄워두고 입장하는 학습자들과 인사를 나눴습니다. 인사 후에는 올려 둔 질문을 주제로 학습자들과 대화를 나누며 오디오를 점검하고 그날 강의에 대한 흥미를 유발했습니다. 덕분에 교수자는 강의 시작과 동시에 본론으로 들어갈 수 있었고, 학습자 역시 강의에 바로 집중할 수 있었습니다.

② 강의 도중 기술적 이슈에 대응합니다.

프로듀서는 강의의 흐름이 끊기지 않고 교수자가 강의에만 집중할 수 있도록 강의 도중 일어나는 기술적 이슈를 전담 대응합니다.

첫 번째 강의에서 강의 참여규칙 Ground Rule 을 설명할 때 학습자들에게 기술적 이슈가 발생하면 프로듀서에게 개별적으로 연락하도록 안내하세요. 기술 이슈가 있는 학습자가 프로듀서와 1:1 채팅이나 카카오톡 오픈 채팅방을 통해 이야기를 나누면 교수자와 다른 학습들이 방해받지 않을 수 있습니다.

③ 새로운 기능을 사용하여 학습 활동을 하기 전에 기능에 관해 설명합니다.

강의 중 온라인 라이브 플랫폼의 특정 기능을 처음 활용할 때는 반드시 학습자들에게 기능 활용법을 친절하게 단계적으로 설명해주어야 합니다. 이때 기능설명을 프로듀서가 하면 좋습니다. 이렇게 몇 번 하면 학습자는 기능 관련 질문이나 이슈가 있을 때 교수자 대신 자연스럽게 프로듀서를 찾게 됩니다.

④ 온라인 라이브 플랫폼 외 추가로 개설한 학습자 그룹채팅방을 관리합니다.

온라인 라이브 클래스를 진행하다 보면 학습자가 플랫폼에서 갑자기 튕겨 나가기도 하고 아예 플랫폼에 입장하지 못하기도 합니다. 이런 상황이 생기더라도 학습자와 계속 의사소통을 하려면 플랫폼이 아닌 다른 애플리케이션을 활용하여 학습자 그룹채팅방을 만들어두면 편리합니다. 그리고 프로듀서가 그 그룹채팅방을 관리하면 교수자는 강의가 이루어지는 온라인 라이브 플랫폼 화면에만 온전히 집중할 수 있습니다.

리얼워크에서 공개과정을 진행할 때는 카카오톡 오픈 채팅방을 별도로 만들어 강의 전 학습자들을 초대하는데요. 오픈 채팅방 대응은 프로듀서가 전담하고 교수자는 강의에 집중합니다.

카카오톡 오픈 채팅방을 통한 학습자와의 의사소통 사례

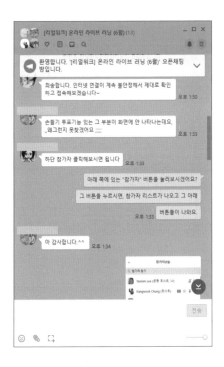

(2) 교육 현장의 콘텐츠를 시각화하라.

① 강의 중 핵심 아이디어를 주석 또는 채팅으로 정리합니다.

프로듀서는 학습자가 '말'로 하는 것을 '글'로 적어줍니다. 예를 들어 학습자 개개인이 돌아가며 발언할 때 또는 조별로 발표할 때 나오는 이야기 중 학습 주제와 관련이 높은 핵심 내용을 뽑아 화면에 주석으로 적어줍니다. 또는 내용을 별도로 적어두었다가 채팅방에 옮겨줍니다. 이렇게 하면 학습자들이 학습 내용을 중간중간 정리하며 강의를 들을 수 있습니다.

② 진행하는 학습 활동 주제를 채팅방에 적습니다.

교수자가 질문하고 학습자가 채팅창에 의견을 쓰는 경우 프로듀서는 교수자가 한 질문을 채팅방에 요약해 적어줍니다. 잠시 내용을 놓친 학습자가 있더라도 교수자가 여러 번 다시 질문을 언급할 필요가 없고, 이후에 지나간 채팅 내용을 다시 확인할 때도 주제별로 구분되어 있어 보기에 편합니다.

L사 온라인 라이브 클래스 중 PD가 채팅방에 활동 주제를 올려 준 사례

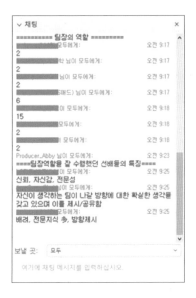

(3) 교수자의 사각지대를 커버하라.

① 학습자들의 질문이나 의견을 정리하고 분류하여 교수자에게 전달합니다.

강의 중 채팅창에 질문이 많이 올라오는 경우 유사한 질문끼리 분류하여 교수자에게 전달합니다. 이렇게 하면 교수자가 중복된 질문을 읽고 정리하는 시간을 줄일 수 있어 효율적인 Q&A가 가능합니다. 이때 프로듀서가 답할 수 있는 질문이 있다면 직접 답해줄 수 있습니다.

② 인원이 다수일 때 활동에 참여하지 않는 학습자를 챙깁니다.

교수자가 참여활동을 끌어가는 동안 프로듀서는 학습자들의 참여 정도를 모니터링합니다. 활동에 잘 참여하지 않는 학습자가 있다면 1:1 채팅으로 무슨 일이 있는지 확인합니다. 특히 참여 인원이 많은 클래스에서는 모든 학습자의 비디오를 한 화면에서 볼 수 없는데요. 이때 프로듀서는 수시로 학습자 비디오 화면을 넘기면서 전체 학습자들 상황을 점검할 수 있습니다.

③ 강의 시간, 쉬는 시간, 소그룹 시간을 안내합니다.

프로듀서는 교수자가 강의에 집중하느라 미처 남은 시간을 확인하지 못할 때 교수자에게 1:1 채팅으로 남은 시간을 알려줍니다. 한편 학습자들에게는 쉬는 시간, 소그룹 활동 시간 등을 안내합니다.

④ 교수자가 소그룹 활동에 관해 설명하는 동안 소회의실을 세팅합니다.

일반적으로 온라인 라이브 플랫폼에서 소회의실을 만들고 학습자들을 초대하는 데까지 1~2분의 시간이 소요됩니다. 학습자들이 대기하는 시간을 최소화하기 위해서는 교수자가 소그룹 활동 가이드를 학습자들에게 설명하는 동안, 프로듀서가 소회의실을 만들고 소회의실별로 학습자를 할당해 두는 것이 좋습니다.

(4) 학습자의 몸과 마음을 준비시켜라.

① 가끔 학습자들이 몸을 움직일 수 있게 합니다.

6~8시간 동안 진행하는 리얼워크 온라인 라이브 공개과정에서는 최소 2번 정도 스트레칭 시간을 갖습니다. 앉아서 팔을 위, 아래, 옆으로 쭉 뻗는 동작을 주로 하는데요. 간단하게라도 몸을 움직이면 계속 컴퓨터 앞에 앉아 강의를 듣는 학습자들의 긴장과 피로를 푸는 데 도움이 됩니다.

긴 쉬는 시간이 끝나고 다음 강의를 시작하기 전에 스트레칭 시간을 가지면 조금 늦게 들어오는 학습자들을 자연스럽게 기다렸다 시작하는 효과를 볼 수 있습니다.

리얼워크 공개과정 스트레칭 시간에 활용한 실제 장표

② 학습자 강의 참여규칙 Ground Rule 을 정하고 첫 번째 시간에 공유합니다.

오프라인 강의에서는 자연스럽게 하면 됐던 것들이 온라인 라이브 클래스에서는 어떻게 하면 좋을지 몰라 당황하는 경우가 꽤 있습니다. 예를 들어 오프라인 강의 중에는 급하게 화장실에 가고 싶으면 배를 살짝 문지르면서 교수자에게 눈빛을 보내면 됐는데, 온라인 라이브 클래스 중에는 표정이나 보디랭귀지를 그만큼 편하게 쓸 수 없으니까요. 또 오프라인 강의 중 살짝 얼굴을 가리고 기침을 하거나 하품을 하면 매너 있게 느껴지는데, 온라인 라이브 클래스 중 갑자기 비디오를 끄면 딴짓하는 것으로 오해받기도 합니다.

온라인 라이브 클래스에서는 교수자와 학습자 모두의 편의를 위해 첫 시간에 강의 참여규칙 Ground Rule 을 정하고 공유하는 것이 필요합니다. 강의 참여규칙에는 비디오 활용 여부, 질문 방법, 잠시 자리를 비워야 할 때 의사 표현 방법 등을 포함시키세요.

리얼워크 공개과정 Ground Rule 사례

1. 강의에 방해가 되는 것들은 최대한 멀리 놓아주세요.
2. 강의(Lecture)를 듣는 동안에는 비디오를 꺼두셔도 좋습니다. 단, 발표와 그룹 활동을 하는 동안에는 비디오를 꼭 켜주세요.
3. 강의 도중 질문이나 코멘트가 있을 때는 손들기 ✋ 아이콘을 활용해 먼저 손을 들고 기다려주세요. FT가 이름을 불러 이야기할 기회를 드리겠습니다.
4. 채팅으로 보낸 메시지에 답변이 조금 늦어지더라도 이해해주세요.
5. 잠시 급하게 자리를 비워야 할 경우, 시계 🕐 아이콘을 눌러 표시해주세요.

③ 학습자들이 강의 시작 15분 전부터 온라인 라이브 강의장(회의실)에 입장할 수 있게 합니다.

온라인 라이브 클래스를 하다 보면 _{특히 강의를 녹화하는 경우} 학습자들과 편하게 인사하고 안부 묻는 시간을 갖기 어려운데요. 그럴 때는 (1)강의 녹화는 정시부터 시작할 것이라고 안내해주고, (2)매 강의 시작 15분 전부터 온라인 라이브 강의장 _{회의실}에 학습자들이 편하게 들어올 수 있게 하면 좋습니다. 물론 프로듀서와 교수자도 15분 전에 입장하고요. 그렇게 하면 강의 시작 전 일찍 입장하는 학습자들과 편하게 인사도 하고 근황도 나누며 친해질 수 있습니다.

Abby's TIP

프로듀서에게 호스트 또는 공동 호스트 권한을 주세요.

온라인 라이브 플랫폼에서는 회의실 _{강의실}을 개설한 ID로 로그인 한 사람이 '호스트'가 됩니다. 그래서 일반적으로 강의를 개설한 교수자나 교육 담당자가 호스트가 되는데요. 호스트는 관리자 권한을 가지고 회의실에서 모든 기능을 제어할 수 있습니다. 예를 들어 호스트는 참가자 오디오 켜고 끄기, 소회의실 만들고 닫기, 화면에 적힌 주석 한꺼번에 지우기, 학습자들의 피드백 아이콘 모두 내리기 권한을 가집니다.

온라인 라이브 클래스에서 프로듀서가 전체 운영자 역할을 한다면 프로듀서에게 '호스트' 권한을 주거나, 적어도 '공동 호스트' 권한을 주세요. 공동호스트는 소회의실을 만들거나 닫을 수 없는 것을 제외하고는 호스트와 동일한 권한을 가집니다.

① 공동 호스트 만들기

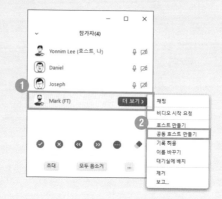

① Step1 '참가자 창'에서 공동 호스트 권한을 주고자 하는 참가자의 이름이 있는 곳에 마우스를 올립니다. 그렇게 하면 '더 보기' 버튼이 생깁니다.

② Step2 '더 보기' 버튼을 클릭하면 나오는 메뉴에서 '공동 호스트 만들기'를 클릭합니다.

② 공동 호스트 설정 완료 확인하기

③ Step3 선택한 참가자 이름 옆에 '(공동 호스트)'라는 표시가 나오는지 확인합니다.

PART 23

나만의 미니 스튜디오 세팅하기
Studio Setting Guide

교수자를 위한 최적의
온라인 라이브 클래스 환경 세팅

> > >

효과적인 온라인 라이브 클래스를 위해서는 교육 장소의 물리적 환경을 적절히 세팅하는 것이 중요합니다. 지금부터는 온라인 라이브 클래스에 필요한 기기와 장치를 소개하고 각각을 어떻게 설치하면 좋을지 설명드리겠습니다.

1) 듀얼 모니터

온라인 라이브 클래스에서는 기본적으로 교수자가 보고 확인하고 관리해야 하는 창이 많습니다.

듀얼 모니터를 사용하면 참가자 창, 채팅창, 공유 화면, 추가 애플리케이션 화면 등을 좀 더 크게 볼 수 있어 편리합니다. 그래서 익숙해지면 하나로도 쓸 수 있지만, 적어도 2개 모니터를 설치하는 것이 추천드립니다.

추가 모니터를 HDMI 혹은 DP 케이블 등을 통해 연결한 뒤, 주 모니터와 보조 모니터에 띄울 창을 결정하세요. 저는 주 모니터에는 강의 중 가장 많이 보는 창 강의 슬라이드, 채팅창, 비디오 창 등 을 띄우고, 보조 모니터에는 강의 중 사용하는 보조자료 파일 검색창, 구글 문서, 인터넷 검색창 등 를 띄우는데요. 이 부분은 각자 자신이 선호하는 대로 정하면 됩니다.

2) 웹캠 또는 카메라

비디오를 켜서 온라인 라이브 클래스에 참여하는 경우 웹캠이나 카메라 설치가 필요합니다. 일반적인 온라인 라이브 클래스를 위한 카메라는 웹캠 정도면 충분합니다. 강의 자료는 컴퓨터를 통해 공유되니 실제로 웹캠을 통해서는 교수자 얼굴만 나가는 거니까요.

하지만 유튜브 방송 콘텐츠로 강의를 제작하거나 진행한다면 카메라 DSLR 또는 미러리스 를 쓰는 것도 추천 드립니다. 방송용은 아무래도 화질이 더 중요하니까요.

이때 교수자가 카메라를 똑바로 보는 데 익숙하지 않다면 강의 중 교수자의 시선이 가장 많이 머무는 창 비디오 창, 화면공유 창 등 바로 위에 카메라를 설치하는 것도 방법입니다. 교수자가 카메라를 정면으로 바라보며 강의를 진행해야 학습자들이 교수자와 아이컨택을 한다고 느끼기 때문입니다.

L사의 경우 교수자가 강의 도중 다른 곳을 보는 상황을 미리 방지하기 위해 웹캠 바로 옆에 '여기를 보시오'라고 쓰인 스티커를 붙여두기도 하였습니다.

L사 사례 - 교수자 시선 처리를 돕는 웹캠 옆 스티커 부착 & 조명으로 스탠드 활용

3) 마이크 & 오디오 인터페이스 & 이어폰 또는 마이크 일체형 이어폰

온라인 라이브 클래스에 오디오 ^{목소리}로 참여하기 위해서는 헤드셋이나 마이크가 장착된 이어폰을 연결해야 합니다. 여러 가지 기기들을 써보니 블루투스 헤드셋이나 USB로 연결하는 헤드셋은 하울링 심한 경우가 꽤 있었습니다. 현재 기업 교육 쪽에서는 핸드폰을 구매하면 주는 마이크 일체형 유선 이어폰이 안정적이고 가격 대비 성능이 가장 만족스럽다는 평이 지배적입니다.

하지만 1~2시간 특강보다 3시간이 넘어가는 강의를 주로 하신다면 음향에 더 신경을 쓰는 것이 좋습니다. 학습자에게 좀 더 편안하고 몰입도 있게 목소리가 전달되기 원하신다면 별도 마이크 사용을 권장합니다. 그리고 마이크는 마이크를 통해 나가는 음성의 충분한 음질을 확보하기 위해 오디오 인터페이스와 이어폰 혹은 헤드폰 을 함께 사용하는 것이 좋습니다. 그렇게 해야 마이크로 풍성하게 수음 受音 된 소리가 학습자에게 그대로 전달됩니다. 마이크를 사용하면서 동시에 스피커를 통해 소리를 들으면 피드백이 생겨서 음질이 심각하게 저하되고 마이크를 사용하는 의미가 없어집니다. 마이크와 오디오 인터페이스의 종류는 매우 다양하니 주로 몇 명이 어떤 강의를 하는가와 공간의 규모에 따라 적합한 제품을 선택하세요.

4) 조명

학습자가 온라인 라이브 클래스에 들어갔는데 교수자 얼굴 비디오 이 어둡게 나온다면 어떨까요? 답답하고 강의가 잘 준비되지 않은 인상을 받지 않을까요? 무엇보다 교수자의 비언어적 표현들이 학습자들에게 전달되기가 어렵겠지요. 온라인 라이브 클래스에서 조명이 중요한 이유가 여기에 있습니다.

학습자에게 교수자의 얼굴이 잘 보이게 하고 교육이 잘 정돈된 느낌을 주기 위해 강의 장소에 조명을 설치하세요. 상황이 허락한다면 방송용 조명을 설치할 수도 있겠지만, 넓지 않은 공간에서 강의용으로 조명을 설치할 때는 링조명을 추천드립니다. 링조명은 빛의 각도가 넓어 좁은 공간에서 판조명보다 편리한 경우가 많거든요. 링조명 구매 시 주의할 부분은 삼각대 높이입니다. 검색해보니 링조명의 밝기는 강의용으로 쓰기에 대부분 충분한데, 삼각대 높이는 꽤 차이가 있더라고요. 책상 위에 링조명을 올려놓았을 때 링 부분이 모니터 위로 올라오는 정도 높이의 삼각대를 구매하시면 좋습니다. 특히 안경을 쓰신 분이라면 안경에 조명에 비치지 않도록 충분히 높은 삼각대를 사세요. 그렇지 않으면 안경에 링조명이 그대로 비춰집니다.

개인 사례 – 듀얼 모니터 및 링조명 설치

링조명을 1개 구매하신다면 밝기가 밝은 걸로 사셔서 정면에 설치하시고, 2개를 구매하신다면 좌우에 하나씩 두시면 됩니다. 조명을 2개 사용할 때는 메인 조명을 선택하셔서 서브 조명과의 광량의 차이를 두

고 사용하는 것이 좋고요. 메인 조명을 조금 더 밝게 판조명은 세팅한다면 2개를 설치하는 것이 좋습니다. 판조명은 링조명보다 비교적 그림자가 많이 지기 때문입니다.

S사 사례 - 듀얼 모니터 및 판조명 설치

5) 여분의 컴퓨터

중요한 온라인 라이브 클래스를 진행하는 경우에는 여분의 컴퓨터를 준비해 두어야 합니다. 생각보다 이 부분을 챙기지 않는 경우가 많은데요. 실제로 온라인 라이브 클래스를 진행하다 보면 10번에 2~3번 정도는 컴퓨터 문제가 발생합니다.

저희가 진행했던 S사 온라인 라이브 클래스에서도 6명의 FT가 사전에 모든 테스트를 마치고 강의를 시작했음에도, 첫 번째 주에는 FT 한 명의 컴퓨터 화면이 갑자기 심하게 흔들려 강의 중단 후 노트북을 교체했었고요. 두 번째 주에는 이어폰을 교체했는데도 하울링이 심해 노트북을 교체한 뒤 강의를 계속한 경험이 있습니다. 교수자 가까이에 여분의 노트북이나 컴퓨터를 준비해두면 기기 문제 발생 시 바로 교체한 뒤 강의를 이어갈 수 있어 유용합니다.

6) 독립된 공간 확보와 '온에어(On Air)' 표시

교수자가 방해받지 않고 강의할 수 있는 조용하고 독립된 공간 확보가 필요합니다. 혹시 여러분은 온라인 라이브 클래스 중 누군가 문을 확 열고 들어온 경험은 없으신가요? 저는 이런 경우가 있어 강의 중 당황했던 적이 있는데요. 그 후부터는 문 앞에 '온에어^{강의 중}' 표시를 붙여둡니다. 그랬더니 사람들의 방해가 확실히 줄어들고 혹 누군가 들어오더라도 조용히 조심해서 들어오더라고요.

◀ PART 24 ▶

사전에 준비하고 현장에 대응하기
Trouble Shooting Guide

온라인 라이브 클래스에서 교수자와 운영자를 가장 긴장시키는 건 역시 기술적인 이슈일 텐데요. 이번 장에서는 문제가 생겼을 때 조금만 놀라고 빠르게 대응할 수 있는 트러블 슈팅 Trouble Shooting 방법을 소개해 드리려고 합니다.

트러블 슈팅, 어떻게 해야 할까요?

> > >

기술 문제 발생을 최소화할 수 있도록 사전에 철저히 준비했음에도 일어나는 문제는 현장에서 당황하지 말고 준비된 가이드라인에 따라 대응해야 합니다.

문제를 최소화하는 사전 준비

할 수만 있으면 대응보다 예방이 최선이죠. 우선 사전 준비를 통해 문제를 예방하는 네 가지 방법을 알아보겠습니다.

1. 학습자들에게 사전에 안내메일 또는 문자를 보냅니다.

앞에서는 교수자 관점에서 최적의 온라인 라이브 클래스 환경 세팅 방법을 소개했는데요. 교육 효과성을 높이기 위해서는 학습자 역시 교육 환경을 적절하게 세팅하는 것이 중요합니다. 하지만 온라인 라이브 클래스에서 교수자가 학습자 학습환경을 직접 세팅할 수 있는 경우는 거의 없으므로, 과정 시작 전 구체적인 세팅 가이드라인을 담은 안내 메일을 보내는 것이 필요합니다.

학습자 안내메일에는 어떤 내용이 들어가면 좋을지 리얼워크 안내메일 샘플을 보면서 함께 생각해보시죠.

리얼워크 온라인 라이브 클래스 안내메일 샘플

안녕하세요!

'진짜' 문제를 '함께' 풀어가는 기업, 리얼워크 입니다!

〈온라인 라이브 클래스 퍼실리테이션〉 과정을 신청해주셔서 감사드립니다!

이 과정은 진짜 배움이 일어나도록 여러 실습 활동이 포함되어 있어, 학습자분들의 적극적인 참여가 필수적인 과정입니다.

효과적인 학습을 위해, 아래 안내사항을 읽고 준비해주세요.

I. 과정 참여 안내

1. 수업 시간 : 5.22(금) 20~22시 & 5.23(토) 9시~13시

2. 수업 참여 방법 : 아래 링크를 클릭하여 온라인 참여

   - 금요일: https://us02web.zoom.us/j/83933990640 (19:40부터 입장 가능)

   - 토요일: https://us02web.zoom.us/j/83221148000 (8:40부터 입장 가능) ②

3. 수업 내용 : "온라인 라이브 환경에서 어떻게 학습을 촉진할까?"

                    (※ 강의 교재는 강의 당일에 발송될 예정입니다.)

II. 과정 참여 전 준비 사항 (강의에 들어오기 전 학습자가 해야 할 세팅)

1. ZOOM 설치

   - ZOOM 다운로드 링크: https://zoom.us/download

   - 설치할 디바이스: 실제 강의 참여 시 사용할 디바이스(노트북, 데스크탑 등)에

     설치. 스마트폰은 제외

2. 비디오 및 오디오 장치 준비와 사전 테스트 ③

   - 비디오: 노트북 내장형 카메라를 사용하거나 웹캠 준비

   - 오디오: 헤드셋 또는 마이크가 장착된 이어폰 준비

   - 사전 테스트: ZOOM에 로그인하여 비디오 및 오디오 연결 사전 확인

3. 학습환경 조성

   - 조용히 학습할 수 있는 공간 마련

4. 카카오톡 오픈 채팅방 입장 ④

   - 강의 중 발생할 수 있는 여러 이슈 대응을 위해 카카오톡 오픈 채팅방을 동시 운

     영하오니, 강의 전 입장해주세요.

   - 카카오톡 오픈채팅방 링크: https://open.kakao.com/o/gBz2eJcc

5. 혹 ZOOM이 익숙하지 않은 분들은

- ZOOM 초보를 위한 '입장 후 첫화면'의 '5가지 기본기능' 소개 영상을 보시거나, https://youtu.be/GYwRq29yMEk (2분 30초 영상)
- 강의 시작 10분 전에 수업 링크로 들어오셔서, 저희와 함께 세팅하고 테스트 하셔도 좋습니다. ❺

오늘도 멋진 하루되시길 응원합니다!

곧 반갑게 뵙겠습니다! ^^/

- REALWORK Dream

❶ 학습자 참여가 많은 강의라면 미리 안내해서 준비할 수 있도록 하세요.

❷ 강의 참여 링크를 보낼 때 입장 가능한 시간을 함께 적어주세요.

❸ 강의 시 사용을 권장하는 기기를 구체적으로 안내해주세요.

❹ 강의 플랫폼 외 다른 의사소통 채널을 마련하고 학습자를 초대해주세요.

❺ 첫 번째 강의 전 보내는 메일에는 온라인 라이브 플랫폼이 익숙하지 않은 학습자들을 위한 별도 안내를 포함시키세요.

① 학습자의 참여가 많은 강의라면 이를 미리 언급해주세요.

온라인 강의라고 하면 가만히 앉아 녹화된 비디오를 보는 수동적인 모습을 떠올리는 학습자가 꽤 있습니다. 그래서 학습자 참여와 상호작용이 많은 버추얼 클래스 형태로 강의를 진행하실 예정이라면 이를 학습자에게 사전에 안내하는 것이 좋습니다. 그래야 학습자들도 마음의 준비를 하고 들어올 수 있으니까요.

② 강의 참여 링크 발송 시 입장 가능 시간을 함께 적어주세요.

온라인 라이브 클래스는 학습자 모두가 정시에 입장했을 때 정해진 시간에 맞춰 강의를 시작하기 어려운 경우가 많습니다. 학습자 각자가 사전에 비디오와 오디오를 테스트했다고 해도 다 같이 모이면 또 다른 변수가 생기는 경우가 허다하거든요. 예를 들어 혼자 접속했을 때는 괜찮았는데 여러 명이 접속해 마이크를 켜니 하울링이 심해진다든지 말이에요.

무리가 되지 않는다면 조금 일찍 들어올 수 있는 학습자는 먼저 들어올 수 있게 하세요. 그렇게 하면 강의 시작 전에 기술적 요소들을 단계적으로 테스트할 수도 있고 담소를 나누며 좀 더 친밀해지는 시간도 가질 수 있습니다.

③ 강의 시 사용을 권장하는 기기 Device 를 구체적으로 안내해주세요.

강의 성격에 따라 학습자가 준비해야 할 기기를 구체적으로 적어주세요. 참여활동이 많은 온라인 라이브 클래스라면 핸드폰이 아닌 컴퓨터로 접속할 것을 안내할 수 있고, 비디오를 켜고 하는 강의라면 웹캠 등 비디오 장치를 미리 준비할 것을 메일에 명시할 수 있습니다.

④ 강의 플랫폼 외 다른 의사소통 대안을 마련하고 학습자를 초대해주세요.

온라인 라이브 클래스에서는 Zoom 채팅과 같이 온라인 라이브 플랫폼 안에서 활용하는 의사소통 수단 외 다른 의사소통 채널 하나를 더 마련해두는 것을 추천해 드립니다.

온라인 라이브 플랫폼에 입장 자체가 안될 때, 플랫폼에 입장했으나 학습자가 플랫폼에 있는 기능으로 의사소통하는 것에 익숙하지 않을 때 편리하거든요.

⑤ 첫 번째 강의 전 보내는 안내메일에는 강의 플랫폼에 익숙하지 않은 학습자들을 위한 별도 공지를 포함시키세요.

학습자 중 온라인 라이브 플랫폼 사용이 익숙하지 않은 사람이 있을 것이라 예상한다면 그분들에게 도움이 될 만한 방법 몇 가지를 찾아 첫 번째 강의 전에 보내는 안내메일에 소개해주세요.

예를 들어 강의 중 사용할 핵심 기능을 설명하는 짧은 동영상 링크를 보내거나, 강의 시작 전 플랫폼 활용법 관련 오리엔테이션 시간을 준비할 수 있습니다.

⑥ 헬프 데스크 또는 기술 지원 인력의 연락처를 적어주세요.

강의 전 사전 세팅과 테스트 시 기술 이슈가 있을 때 연락할 수 있도록 헬프 데스크 전화번호 또는 기술 지원 인력 연락처 정보를 남겨주세요.

2. 교육 담당자가 교육 시작 전 학습자 환경을 일대일로 확인합니다.

교육 담당자가 사전에 직접 학습자의 온라인 라이브 학습환경을 확인하는 것도 기술 이슈를 최소화할 수 있는 좋은 방법입니다.

실제 D사 온라인 라이브 과정에서는 과정 시작 며칠 전 교육 담당자가 모든 참가자와 일대일로 테스트 세션을 가지면서 플랫폼 정상 작동 여부, 비디오와 오디오 연결상태 등을 확인했습니다. 확인 후 문제가 있으면 교육용 PC, 유선 이어폰 등 필요 기기를 별도로 발송해 주었고요.

3. 학습자의 수업시간을 확보합니다.

기업 온라인 라이브 클래스의 경우 학습자들이 사무실에서 강의에 참여하는 경우가 있으므로 수업시간을 확실하게 확보하는 것이 중요합니다. 이러닝 e-Learning 강의는 일이 생겼을 때 동영상을 잠시 멈추었다 다시 들을 수 있지만, 온라인 라이브 클래스는 그럴 수 없기 때문입니다. 상호작용이 학습의 중요한 방식인 온라인 라이브 클래스에서 중간중간 흐름이 끊기게 되면 교육 효과가 현저하게 떨어집니다. 중간에 자리를 비운 사람만이 아니라 다른 참가자들에게도 피해가 가고요. 별도의 교육시간을 틀림없이 확보하기 위해 참가자뿐 아니라 참가자의 상급자들에게도 교육시간을 명확하게 공지하세요.

4. 학습자의 수업 장소를 확보합니다.

학습자들이 각자 자신의 사무실 책상에서 강의를 듣는 경우 강의 도중 이것저것 질문하는 다른 직원들 대응하느라 강의에 집중하지 못하는 경우가 자주 생깁니다.

교육 효과를 높이기 위해서는 교육 담당자가 사무실 외 다른 공간에 학습자 수업 장소를 확보해주는 것이 좋습니다. 꼭 강의장일 필요는 없으며 학습자들이 최대한 방해받지 않고 강의를 들을 수 있는 공간이면 됩니다.

D사에서는 회의실을 확보해 온라인 라이브 클래스 장소로 활용했고요. S 은행에서는 별도 공간을 확보하기 어려워 교육을 진행하는 오전 시간에는 재택근무하며 학습하게 하고 오후에 출근하게 하는 방법을 썼습니다.

이 외에도 A사는 학습자가 사무실을 떠나기 어려운 상황이라 교육 담당팀에서 '교육 중'이라고 쓰여 있는 깃발을 제작해 학습자에게 배포했습니다. 학습자들이 온라인 라이브 클래스를 들을 때 사무실 책상이나 칸막이에 그 깃발을 올려놓아 자신이 교육에 참여 중임을 표시할 수 있도록 말이죠.

만일 상교학습이 많이 일어나야 하는 과정이라면 S 은행 사례와 같이 재택근무를 하며 교육에 참여하는 방법을 추천드립니다. 아무래도 사무실보다는 좀 더 편안하게 각자의 이야기를 나눌 수 있으니까요.

가이드라인에 따른 현장 대응

사전에 충분히 준비했다 하더라도 현장에서는 언제든지 문제가 발생할 수 있습니다. 이때 당황하지 않고 문제를 해결할 수 있는 기본 가이드라인과 실제 트러블 슈팅 사례들을 살펴보겠습니다.

먼저 크게 4단계로 정리한 리얼워크의 트러블 슈팅 가이드라인을 소개합니다. 가이드라인에는 트러블 슈팅 절차와 기본적인 대응 방법이 포함되어 있습니다.

리얼워크 트러블 슈팅 절차

학습자 안심시키기

교수자(또는 프로듀서)는 허둥지둥 하지 말고 침착하게 학습자를 안심시킵니다.
예. "기술적인 문제는 언제든 일어날 수 있는 일이니 당황하지 마세요. 제가(프로듀서가) 도와 드리겠습니다."

문제를 겪는 대상 확인하기: 전체 vs. 개인

지금 발생한 문제를 학습자 전체가 겪고 있는지, 아니면 한 개인만 겪고 있는지 확인합니다.
예. "지금 A학습자분께서 하울링이 심하다고 하셨는데요. 다른 분들은 어떠신가요?"

STEP 3

문제 정확히 파악하기

정확한 문제를 파악하고 대응하기 위한 질문을 합니다.

예. "지금 마이크는 어떤 것을 쓰고 계신가요?", "헤드셋을 블루투스로 연결 하셨나요?"

STEP 4

대응 방안 결정하기

해결방안이 있는 경우: 빠르게 문제를 해결하고 수업 진행

해결방안이 없거나 해결하는데 시간이 걸리는 경우: 짧게 쉬는 시간 가지기, 전체 그룹이 할 수 있는 활동(교재 읽기 등)을 안내하고 집중해서 이슈 해결, 외부에 도움 요청, 교육 일정 다시 잡기, 환불 등의 방안으로 대응

리얼워크 트러블 기본 대응 방법

현장 기본 대응 방법

기술적 이슈가 발생하면 가장 먼저 시도할 세 가지 방법입니다. 생각보다 많은 이슈가 이 방법으로 해결 가능합니다.

∘ 온라인 라이브 강의장(회의실)을 나갔다 다시 들어오기를 2~3회까지 반복하게 합니다.

∘ 컴퓨터를 껐다 켜게 합니다.

∘ 활용 기기 또는 장치(사용하는 이어폰, 컴퓨터 등)를 교체하게 합니다.

현장 대응 사례

현장 대응 방법은 저희가 경험했던 구체적인 사례를 소개해 드리려고 합니다. 참고하시면 좋을 것 같습니다.

① 교수자 목소리가 고르게 들리지 않고 하울링이 심할 때

L사 강의를 하면서 겪은 일입니다. 학습자 한두 분이 들어오셨을 때는 문제가 없었는데 열 분이 모두 입장하자 하울링이 너무 심해 강의를 진행할 수 없는 상황이었습니다. 여러 명의 학습자분이 채팅으로 오디오 문제를 남기셨고요.

• 대응방법 •

참가자분들에게 음성이 들리는 정도를 1~10 척도로 채팅창에 적어달라고 요청했습니다. 깨끗하게 잘 들리면 10점, 하울링이 너무 심하면 1점이지요. 하울링은 발생 원인이 가장 다양한 문제 중 하나입니다. 그래서 이를 해결하기 위해서는 문제를 정확히 파악하는 것이 중요합니다.

채팅창에 올라온 숫자를 쭉 보며 유독 한 분만 '10'이라고 높게 적으신 것을 확인했습니다. 그분께 일대일로 여쭤보니 자신은 하울링 없이 깨끗하게 잘 들린다고 하셨습니다. 그래서 그분에

하울링 문제 해결 사례

게만 잠시 오디오 마이크 를 꺼 달라고 요청했는데요. 그러자 곧 하울링이 사라졌습니다. 결국 그분께 컴퓨터 마이크 대신 마이크 일체형 유선 이어폰을 사용하시도록 해서 문제를 해결했습니다.

② 마이크가 계속 작동하지 않을 때

문제없이 작동하던 교수자 마이크가 강의 시작 후 10분쯤 갑자기 작동하지 않은 적이 있었습니다. 세 번에 걸친 사전 테스트를 마쳤는데도 말이죠.

● **대응방법** ●

- 당장 교체할 수 있는 이어폰이나 노트북이 없던 상황이라 기기 교체는 불가능했습니다.
- 결국 노트북으로 접속한 것은 그대로 두고, 핸드폰으로 회의실에 추가로 접속했습니다. 그리고 노트북에서는 마이크를 끄고 핸드폰에서 마이크를 켠 뒤 핸드폰을 마이크 삼아 강의를 진행해 문제를 해결했습니다. 화면공유, 채팅, 주석 기능은 모두 노트북에서 활용했고, 핸드폰은 마이크로만 활용했습니다.

③ 교수자 비디오가 끊기고 지연될 때

학습자들로부터 교수자 비디오가 계속 끊긴다는 이야기가 있었습니다.

∘ 비디오 끊김은 인터넷 연결 문제인 경우가 많아 좀 더 신호가 강한 Wi-Fi로 새로 잡아서 해결했습니다. 한번은 그래도 안 되어서 Wi-Fi 대신 유선 랜으로 연결한 적도 있었습니다.

④ 학습자가 소회의실에 들어가지 못하고 튕겨 나갈 때

소회의실을 나눴는데 학습자가 소회의실로 들어가지 못하고 계속 튕겨 나왔습니다.

• 대응방법 •

∘ 학습자가 소회의실에서 튕겨 나오는 원인은 단순 접속 이슈인 경우가 많았습니다. 온라인 라이브 강의장 회의실 을 두세 번 나갔다 다시 들어오게 하니 문제가 해결되었습니다.

⑤ 소회의실을 나누려고 하는데 교수자에게 '호스트' 권한이 표시되지 않을 때

소그룹 활동을 하려고 하는데 참가자창 교수자 이름 옆에 '호스트' 권한이 뜨질 않아 소회의실을 나눌 수 없었습니다.

◦ 교수자가 직접 회의실을 개설했다 하더라도 로그인을 하지 않은 채 카톡 창이나 메일에 공유된 링크를 클릭하여 회의실에 입장하면 '호스트' 권한이 주어지지 않습니다.

◦ 회의를 개설한 교수자 아이디로 로그인하니 호스트 권한이 보였고 소회의실 기능을 활용할 수 있었습니다.

⑥ 교수자의 음성이 학습자들에게 크게 들렸다 작게 들렸다 했을 때

연수원에 세팅된 노트북으로 온라인 라이브 클래스를 진행할 때 생긴 일입니다. 그때 FT와 PD가 마이크 사전 테스트를 하고 강의를 시작했는데 학습자분들께서 교수자 목소리가 크게 들렸다 작게 들렸다 한다고 하셨습니다.

◦ 일단 이어폰을 한번 교체했는데요. 그래도 문제가 해결되지 않았습니다.

◦ 그래서 잠시 쉬는 시간을 갖고 노트북을 교체했더니 이후에는 괜찮아졌습니다.

⑦ 아이폰으로 접속했는데 학습자 목소리가 들리지 않았을 때

학습자 한 분의 목소리가 들리지 않았습니다. Zoom 참가자창 내
그분 이름 옆에 마이크 모양이 표시된 걸 보니 분명 마이크 장치는
연결되었는데 목소리가 안 들렸습니다.

● 대응방법 ●

- 목소리가 들리지 않는 분에게 접속한 기기 종류를 물어보았습니다.
- 아이폰으로 접속하신 것을 확인하고 아이폰 '설정' 메뉴에서 Zoom 애플리케이션
  을 선택한 뒤 마이크 사용을 활성화하게 하였더니 해결되었습니다.

Abby's TIP

별도 운영자가 있어 교수자와 함께 협업하는 경우, 문제 발생 시 연락대상과 방법을
사전 협의합니다.

운영자가 별도로 존재하는 온라인 라이브 클래스라면 문제 발생 시 교수자가 누구에
게 어떻게 연락할 것인가를 사전에 협의해두면 좋습니다.
예를 들어 B사 과정은 교수자 FT와 학습자 상호작용이 많은 과정으로 총 6개 분반이
동시에 진행되었는데요. 운영자와 교수자가 함께 쓰는 카카오채팅방을 만들고 문제
가 생기면 그 채팅방을 통해 교수자가 운영자에게 도움을 요청하게 했습니다. 문제
발생 시 교수자가 채팅창에 분반 번호와 이슈를 요약해 적고, 교수자가 바쁠 때는 채
팅창에 분반 번호만 남기면 운영자가 해당 분반에 들어와서 문제를 확인하는 것으로
했습니다.

별도 운영자 없이 교수자가 단독으로 강의하는 경우, 짧게 해결방안을 코멘트 하고 강의를 계속합니다.

한 명의 기술 이슈 해결을 위해 너무 상세하게 오랜 시간 설명하는 것은 지양하세요. 그룹의 이슈가 아니라 개인 한 명의 이슈인 것을 확인했다면 다음에 소개하는 정도의 코멘트를 짧게 하고 강의를 계속 진행하는 편이 좋습니다.

- 회의실을 나갔다가 다시 들어와 보세요.
- 컴퓨터를 껐다 켜보세요.
- 컴퓨터 내장 스피커와 마이크를 사용하는 대신 마이크가 장착된 유선 이어폰을 활용해보세요.
- 핸드폰 대신 컴퓨터로 접속해보세요.

그래도 이슈가 해결되지 않는다면 다음 과정에 들어오게 하거나 강의를 마친 후 따로 연락해 다른 방법을 찾을 수 있습니다.

학습자 화면에 이슈가 있는 경우, 보이는 화면을 찍어서 보내 달라고 요청하세요.

학습자가 특정 창이 보이지 않는 등 화면 관련 문제를 겪을 때는 현재 보이는 화면을 찍거나 캡처해서 보내달라고 하시면 문제를 더 정확하게 파악할 수 있습니다.

**학습자가 오픈 채팅방에 자신의
화면을 캡처해서 보낸 사례**

애브비코리아 피승재 부장

1. 간단하게 자기소개를 해주세요.

글로벌 바이오 제약기업인 한국 애브비 AbbVie Korea 에서 교육을 담당하고 있습니다. 크게 두가지 역할을 하고 있는데요. 첫번째로는 영업담당자들을 위한 교육을 하고 있습니다. 영업 스킬을 강화하는 것 뿐 아니라 태도와 마인드셋에 변화를 줄 수 있는 교육을 기획하고 또 직접 강의하기도 합니다. 두번째로는 조직의 문화와 리더십에 관한 교육을 기획하고 운영하는 일을 합니다.

2. 최근 온라인 라이브로 운영하신 과정에 대해 소개 부탁드립니다.

3월에 COVID-19로 인해 재택근무를 하게 되면서 70분의 영업사원 분들을 대상으로 3주간 매일 2시간씩 웹캐스트 방식의 강의를 기획하고 진행했습니다. 실시간 유튜브 방송에 가까운 형태로 보시면 됩니다. 강사님의 강의에 이어 제가 사회를 보며 질의응답을 하는 형태의 교육을 기획하고 운영했습니다.

7~8월에는 버추얼클래스 형태의 영업직원 교육을 했습니다. 셀링스

킬에 관한 교육이었구요. 12명의 지원자를 받아서 6명씩 2그룹으로 나눠서 주 1회, 회당 2시간으로 총 5회에 걸쳐 교육이 이뤄졌습니다. 저는 이 과정의 기획자이자 강사이자 운영자로 버추얼클래스의 다양한 면을 경험할 수 있었습니다.

3. 교육 담당자로 위 과정을 온라인 라이브 클래스로 준비하실 때, 어떤 부분이 가장 고민되셨을지요? 또한 그 고민을 해결하기 위해 어떻게 준비하셨는지 궁금합니다.

여러 가지 고민들이 있었지만 첫 번째로 테크니컬한 이슈가 가장 컸습니다. 강사님들도 온라인 라이브 클래스가 처음인 분들이 많아서 기술적인 부분에서 익숙하지 않으셨습니다. 초기에 웹엑스로 강의를 진행하다 동영상을 트니 참가자들이 하나 둘 씩 튕겨나가는 황당한 경우도 있었습니다. 그래서 이후에 동영상을 이미지 파일로 변경해서 진행하기도 했습니다. 그런데 이번엔 이미지 용량이 너무 커서 강의슬라이드가 천천히 넘겨지는 현상이 생겨 강사님의 강의와 강의슬라이드의 내용이 싱크가 맞지 않는 경우도 생겼답니다. 그래서 동영상과 이미지는 가급적 사용하지 않고 있습니다.

또 참여하는 직원의 주변 소음 때문에 전체 강의의 흐름이 끊기기도 하고, 그런 직원들을 음소거 시키느라 강사님이 분주해지는 경우도 있었습니다. 다수가 참여하는 온라인 강의는 아무래도 혼자 하기는 어려운 것 같습니다. 리얼워크처럼 퍼실리테이터와 프로듀서가 함께 진행하는 것이 좋은 대안이라고 생각합니다. 개인적인 경험에 비춰보면 참가자가 10명 이내의 경우라면 강사 혼자서 해도 충분히 가능합니다.

두번째로 참가자의 몰입을 높이는 이슈입니다. 온라인으로 만나다 보니 직원들의 에너지 레벨을 파악하기가 상당히 어려웠습니다. 어떻게 분위기를 풀어가야 할지 또 어떻게 몰입을 만들고 지속시킬 수 있는지 그 방법에 대한 고민이 많았습니다. 쉬는 시간을 주면 그 이후에 들어오지 않는 직원들도 있어서 고민이 되었고요.

특히 방송이라는 느낌이 강해서인지 오히려 오프라인에서 보다 발언하기를 주저하는 경우가 많았습니다. 질문을 하면 답변하기를 많이 어려워하시더라구요. 무엇보다 편안하게 말할 수 있는 분위기를 만드는 것이 정말 중요한 것 같습니다. 이 부분을 해결하기 위해 사전에 카톡방을 만들어서 교육에 대한 커뮤니케이션을 진행했습니다. 어떤 내용을 다룰 지 또 미리 생각해올 것은 무엇인지 알려드렸지요.

그리고 현장에서 적극적으로 참여하시는 분들에게는 즉석에서 카톡으로 커피쿠폰을 전달하기도 했습니다. 받은 분들이 채팅창에 잘 받았다는 인사를 올리기도 하니 강의 분위기가 살아나는 느낌이 있었습니다. 이 것이 꽤나 잘 통하는 방법 같더군요.

작은 팁이지만 인원인 적은 버추얼클래스에서 주석기능을 활용해서 자기와 가장 비슷한 동물을 그림으로 그려보라고 했더니 아주 재미난 아이스브레이킹이 되기도 했습니다. 마우스로 그리다 보니 정말 엉뚱한 그림들이 많이 나왔고, 그 와중에 잘 그리는 분이 있어 신기하기도 했지요.

세번째로 콘텐츠 전달면에서의 한계입니다. 오프라인 강의라면 강사님이 판서를 하기도 하고 자연스럽게 질문을 주고 받기도 하고 바디랭귀지도 적극적으로 사용할 수 있는데 비해 온라인의 작은 화면으로는 그런 생동감을 전달하기가 상대적으로 어려운 것 같습니다. 그러다 보니 강사님의 개인기 즉, 콘텐츠의 힘과 스피치 능력이 더 중요해지는 것 같습니다. 더 세심하게 잘 준비하는 것이 방법이겠죠.

4. 교육 담당자로 현장 운영측면에서 가장 어려우셨던 점은 무엇이었고 이를 어떻게 해결하셨는지 궁금합니다.

직원분들이 온라인 라이브 강의를 TV 시청처럼 생각하는 것 같기도 합니다. 교육으로 진지하게 받아들이지 않는 측면이 있다는 것이죠. 그러다 보니 적극적인 참여를 유도하기가 더 어려운 측면이 있는 것 같고요. 이 인식을 빠르게 전환하는 것이 정말 중요합니다.

기업교육에서 직원들이 교육에 참여하는 동기를 "친교, 휴식, 학습, 교육포로"이렇게 4가지로 구분하곤 하지요. 제 경험상으로는 친교가 약 50%, 휴식이 약 20%, 학습과 포로가 각 10% 정도 되는 것 같습니다. 그런데 온라인 강의에서는 친교와 휴식이란 요소가 없으니 학습 아니면 포로가 되는 것이지요. 오프라인 교육이라면 친교와 휴식으로 왔더라도 시간이 지나면서 함께 학습하도록 이끌어 갈 수가 있는데 온라인 교육은 처음부터 포로의 자세와 표정으로 참여하는 분들이 많은 것 같습니다.

결국 제가 찾은 방법은 임팩트 있고 깔끔한 콘텐츠를 준비하는 것입니다. 그리고 회당 2시간을 넘기지 않는 것이지요. 마지막으로 강사가 쓸 수 있는 다양한 무기 즉, 온라인 라이브 플랫폼에서 제공하는 다양한 기능들을 잘 익혀서 쓰는 것이지요.

또 사전에 참가자분들에게 교육참여 장소와 시간에 관해서 명확한 가이드를 주는 것이 필요합니다. 그라운드 룰을 세우는 것이지요. 장소에 제약이 없는 온라인 강의라 그런지 주변이 시끄러운 카페에서 접속해서 대화에 참여하지 못하는 참가자도 있고 심지어 운전을 하면서 접속하는 참가자도 있었습니다. 혹시 사고가 날까 불안하더라고요. 이 부분을 해결하려면 결국 참가자 상사^{매니저}들의 협조를 구해야 합니다. 아직도 오프라인 교육이 진짜 교육이고 온라인은 대체교육이라고 생각하는 경향이 있는 분들이 꽤나 있습니다. 법정필수교육 같은 느낌으로 대하시는 것 같기도 하고요. 이런 관리자 분들의 인식을 바꿔서 온라인 교육에 대한 기대를 높일 필요가 있습니다.

5. 온라인 라이브 클래스에서 학습자와 교수자가 각각 가장 좋았다고 한 점과 아쉬웠다고 한 점은 각각 어떤 부분이었나요?

아무래도 지방에 있는 직원들도 많다 보니 이동과 숙박이 해결되는 것, 즉 어느 곳에서도 참여가 가능한 것을 참가자 입장에서 가장 좋게 생각하는 것 같습니다. 그리고 강의를 레코딩해서 러닝플랫폼에 올리니 필요할 때 언제든 접속해서 다시 학습할 수 있는 것도 장점이겠습니다.

교수자 입장에는 인터넷에 접속한 환경을 잘 활용할 수 있는 것이 좋은 점입니다. 필요한 자료를 바로 검색해볼 수 있고 구글시트를 활용해서 서로의 생각을 정리해볼 수도 있지요. 개인적으로는 파워포인트 대신에 노션 Notion 을 활용해서 강의안을 준비하고 강의합니다. 콘텐츠가 한장 한장씩 단절된 파워포인트에 비해 노션은 강의의 흐름을 함께 공유할 수 있다는 장점이 큽니다. 지난 차수에 함께 이야기 나눴던 것들도 금방 찾아서 공유할 수 있지요.

아쉬웠던 점은 위에서 이미 언급한 것 같습니다.

6. 마지막으로 온라인 라이브 클래스 운영을 준비하는 교육 담당자분들께 나누고 싶은 얘기가 있다면 부탁드립니다.

세 가지 이야기를 드리고 싶습니다.

첫째, 두려워할 필요가 없습니다. 몇 번 해보면 다 되더라구요. 특히 교육담당자가 의심을 가지면 교육이 절대 잘 될 수가 없습니다. 온라인 강의도 충분히 학습전이가 된다는 믿음을 가지고 준비하시는 것이 필요합니다.

둘째, 온라인 교수법에 관한 괜찮은 강의를 2~3개 정도 들어보는 것을 추천 드립니다. 자료나 책도 괜찮습니다. 교육을 기획하고 운영하는 데에 분명히 도움이 됩니다.

셋째, 장비를 늘려보는 것도 좋습니다. 마이크 하나만 바꿔도 교육의 퀄러티가 좋아집니다. 일반카메라를 Zoom과 연결해서 써볼 수도 있고, 카메라 2~3대를 함께 운영해볼 수도 있습니다. 장비에 대한 이해가 생기면 운영의 묘미가 더 생기고 재미도 붙는 것 같습니다. 저는 최근에 카메라 스위처 Switcher 도 사용해보고 있습니다.

마지막으로 사족을 붙이자면 임원을 포함한 교육 관련자 Stakeholder 분들에게 현재 기업교육이 어떻게 변화되고 있는지를 설명하고 설득할 필요가 있습니다. 지속적이고 적극적으로 온라인 교육에 대한 결과물을 만들고 성과를 어필하여 인식의 변화를 가져와야 할 것입니다. 그렇지 못하면 교육담당자가 교육은 하지 않고 방송을 한 것으로 오해할 수도 있을 것입니다.

== Epilogue ==

길을 모를 땐 길을 만들자

독자님, 드디어 여기까지 읽으셨군요. 비소설 분야의 첫 챕터를 다 읽는 사람의 비율이 10%도 되지 않는다고 하는데 참 대단하십니다. 혹시 한발 먼저 헤맨 사람의 기록이 도움이 되셨나요? 꼭 그러셨길 바랍니다.

"미래를 예측하는 가장 좋은 방법은 미래를 만드는 것이다." 현대 경영학의 창시자로 평가받는 피터드러커 Peter Drucker 의 이야기입니다. 참 동의가 됩니다.

온라인 라이브 클래스가 효과적인 교육방법으로서 자리를 잡을지 혹은 잠시 지나가는 유행이 될지 그 미래는 아무도 알 수 없습니다. 그래서 저희는 피터드러커의 말처럼 미래를 만들어 가보려 합니다.

비대면 환경에서 학습자들과 탐구공동체를 만드는 일, 실무적인 지식과 기술을 넘어 삶의 지혜를 배우게 하는 일, 그리고 이를 통해 개인과 조직의 변화와 성장을 돕는 일이 여러분과 저희가 하는 일이라고 생각합니다. 얼마나 가치로운 일입니까?

리얼워크의 미션처럼 저희는 여러분의 가치로운 일에 탁월함을 더하겠습니다. 이 책이 길을 찾아갔던 기록이라면 이제는 길을 만들며 나아가 보려합니다. 이 길에 함께 하시죠.

부록

진짜 문제를 함께 풀어가는 기업, 리얼워크 소개

리얼워크는 고객의 '진짜' 문제를 '함께' 해결하는 **<온/오프 워크숍 설계와 과정개발 컨설팅>** 전문기업입니다. **가치로운 일에 탁월함을 더한다**는 미션을 기반으로 다음 4가지 테마를 컨설팅하고 자문합니다.

<리얼워크 컨설팅 테마>

	일 (Work)	학습 (Learning)
비대면 Online	(1) 리모트워크 Remote Work	(2) 온라인 라이브 클래스 Online Live Class
대면 Offline	(4) 팀개발 워크숍 Team Development Workshop	(3) 러닝 퍼실리테이션 Learning Facilitation

첫째, **리모트워크**(Remote Work): 비대면 환경에서 효과적, 효율적으로 소통하고 협업하는 방법을 컨설팅합니다.

둘째, **온라인 라이브 클래스**(Online Live Class): 비대면 환경에서 몰입과 참여를 이끌어내는 교육과정 설계를 컨설팅하고, 비대면 교수법을 강의합니다.

셋째, **러닝 퍼실리테이션**(Learning Facilitation): 가르치지 않고 배우게 하는 러닝퍼실리테이터를 양성하고, 역량을 향상하고 실행을 촉진하는 교육 프로그램을 개발합니다.

넷째, **팀개발 워크숍**(Team Development Workshop): '팀 효과성'을 높이고 '팀 방향성'을 설정하는 워크숍을 설계하고 진행합니다.

리얼워크의 온라인 라이브 클래스 프로그램 소개

[종합과정] 온라인 라이브 러닝 퍼실리테이션(Online Live Class FT, OLCF)

클래스 별 인원 10~15명 , Online Live Class(비대면 강의), Team Facilitation(FT 1명, PD 1명)

모듈	주요내용	시간(8H)
온라인 라이브 클래스(OLC) 플랫폼 및 핵심 기능 활용법 Tool & Core Functions	◦ OLC 플랫폼 기본 옵션과 고급 옵션 세팅 ◦ 학습을 위한 4가지 기본 화면 설정 ◦ 핵심기능 활용법: 화면 공유, 주석, 채팅, 인스턴트 피드백 등	0.5H
온라인 라이브 클래스(OLC) 성공 요인과 사례 Success Factor & Examples	◦ 오프라인 교육과 OLC의 차이점 ◦ OLC 환경에서 학습자의 심리와 특성 ◦ OLC 과정의 3가지 성공 요인과 사례	1H
온라인 라이브 클래스(OLC) 참여 촉진 방법 Creating Learner Engagement	◦ OLC에서 학습자 참여 활동의 종류 ◦ 학습자 참여와 몰입 촉진 방법: 7 Engagement Methods ◦ 실 사례 공유: Best & Worst Case	2H
온라인 라이브 클래스(OLC) 활동 설계하기 Activity Design	◦ REALWORK OLC 과정 설계 샘플 공유와 분석 ◦ OLC 과정 설계 실전 가이드 ◦ 개인별 활동 설계 실습과 분반 시연	2H
온라인 라이브 클래스(OLC) 효과성 높이기 Online Learning Effectiveness	◦ 비대면 교육 효과를 높이는 3요소: 교수/ 인지적/ 사회적 실재감 ◦ OLC 과정 운영 Tips & Producer 역할 ◦ Trouble shooting 가이드	1H
	◦ OLC 플랫폼 외 함께 쓸 수 있는 Application 소개: Google Slide, Mentimeter, Slido, Jamboard 등 ◦ Application별 장단점 소개 및 활용 실습 ◦ Q&A	1.5H

리얼워크의 온라인 라이브 클래스 프로그램 소개

[심화과정] 온라인 라이브 클래스 디자인(Online Live Class Design, OLCD)

클래스 별 인원 10~20명, Online Live + Offline Class(Blended), Team Facilitation(FT 2명)

1일차 모듈(8H)	2일차 모듈(8H)	시간 (16H)
◦ [Lecture-based] OLC 과정 설계 원리 - 오프라인 교육과 온라인 라이브 클래스(OLC)의 차이점 - OLC 환경에서 학습자의 심리와 특성 - OLC 과정 설계의 5가지 핵심 원리	◦ [Lecture-based] 비대면 교육 효과를 높이는 3요소: 교수/ 인지적/ 사회적 실재감 ◦ [Practice-based] 실재감을 고려한 OLC 과정 설계안 수정보완	2H(오전)
◦ [Lecture-based] OLC 과정 설계 실전 가이드 - 학습자 참여와 몰입을 위한 활동 설계 방법: 7 Engagement Activities - OLC 활동 설계 샘플 공유 및 분석	◦ [Practice-based] 조별 OLC 과정 설계안에 따른 강의 슬라이드 개발	2H(오전)
◦ [Practice-based] 개인별 OLC 과정 설계안 작성 ◦ [Practice-based] 조별 논의 및 조별 OLC 과정 설계안 확정 (3인 1조, 노트북 사용)	◦ [Practice-based, 비대면] OLC 플랫폼 상에서 OLC 과정 강의 시연 및 피드백 (과정 설계 및 퍼실리테이션 전문가 2인 피드백) ◦ Q&A	2H(오후)
◦ [Practice-based] 조별 OLC 과정 설계안 공유 및 피드백 (상호 피드백)		2H(오후)

12가지 설계 노하우 체크리스트

구분	No.	설계 시 고려요소	확인
교수설계 원리 적용	1	학습자가 실제 고민하는 문제를 다루고 있습니까?	
	2	학습자들이 함께 문제를 풀어가는 참여방식이 있습니까?	
콘텐츠의 밀도	3	강의내용은 20~30분 단위로 분리되어 있으며 핵심적인 내용만 담고 있습니까?	
	4	설명형 강의가 연속해서 15분 이상을 넘지 않고 있습니까?	
	5	학습자의 흥미를 불러일으키는 시각적 자료가 준비되어 있습니까?	
	6	학습자의 쉬는 시간은 충분히 고려되고 있습니까?	
참여의 빈도	7	강의 시작과 동시에 학습자가 참여할 요소가 있습니까?	
	8	3~5분 단위로 새로운 자극을 주고 있습니까?	
	9	학습자들이 개인 작업(읽기, 쓰기, 찾기 등)을 할 시간이 있습니까?	
	10	소그룹별 토의를 활용하고 있습니까?	
플랫폼 기능	11	기능을 몰아서 설명하지 않고 활용직전에 설명하고 있습니까?	
	12	기능을 마음껏 체험할 시간을 허용하고 있습니까?	

13가지 프로듀서 활동 체크리스트

	No	프로듀서의 역할	확인
기술적 커뮤니케이션을 전담하기	1	강의 시작 전 비디오/오디오 연결 상태를 점검	
	2	강의 도중 기술적 이슈에 대응	
	3	새로운 기능을 처음 사용하여 학습 활동을 할 때 기능에 관해 설명	
	4	온라인 라이브 플랫폼 외 학습자 단체채팅방 관리	
교육 현장의 콘텐츠를 시각화하기	5	수업 중 핵심아이디어를 주석 또는 채팅으로 정리	
	6	진행하는 학습 활동 주제를 채팅방에 기록	
교수자의 사각지대를 커버하기	7	학습자들의 질문이나 의견을 정리 및 분류하여 교수자에게 전달	
	8	인원이 다수일 때 활동에 참여하지 않는 학습자 독려	
	9	강의 시간, 쉬는 시간, 소그룹 시간 안내	
	10	교수자가 소그룹 활동에 관해 설명하는 동안 소회의실 기능을 활용하여 분반 만들기	
학습자의 몸과 마음을 준비시키기	11	가끔 학습자들이 몸을 움직이게 하기(Virtual Yoga)	
	12	학습자 수업 참여규칙(Ground Rule)을 정하고 첫 번째 시간에 공유	
	13	수업 시작 15분 전부터 온라인 라이브 강의장(회의실)에 입장하게 안내	

부록 5

6가지 스튜디오 세팅 체크리스트

Studio Setting Guide		
	준비할 것	확인
1	듀얼 모니터	
2	웹캠 또는 노트북 내장 카메라	
3	헤드셋 또는 마이크가 장착된 유선 이어폰	
4	조명	
5	여분의 컴퓨터	
6	독립된 공간 확보와 '온에어' 표시	

1 "연세대 강의, 온라인으로 일반인도 본다." 매일경제. 2020년 07월 07일, https://www.mk.co.kr/news/society/view/2020/07/696433/.

2 MS 나델라 "2년 걸릴 디지털 전환, 2개월만에 이뤄졌다." 조선비즈. 2020년 5월 20일, https://biz.chosun.com/site/data/html_dir/2020/05/20/2020052003681.html

3 Pew Research Center, 《Millennials: A Portrait of Generation Next : Confident, Connected, Open to Change》, 2010.

4 Marc Prensky, 《Digital Natives, Digital Immigrants》, 2001.

5 "강당에 모인 것처럼 대화 … 영상회의의 진화." 한국경제. 2020년 7월 12일, https://www.hankyung.com/it/article/2020071299571.

6 Cindy Huggett, 《Virtual Training Tools and Templates: An Action Guide to Live Online Learning》, 2017.

7 퍼실리테이션(Facilitation)을 문자 그대로 번역하면 '촉진'을 의미한다. '어떤 행위나 과정을 쉽게 해준다(make something easy or easier)' 라는 뜻으로 여기에선 '학습자들의 참여를 촉진하여 쉽게 배울 수 있도록 한다'는 뜻으로 볼 수 있다.

8 정강욱, 《러닝퍼실리테이션: 가르치지 말고 배우게 하라》, 플랜비디자인, 2019.

9 Garrison, D. R., Anderson, T., & Archer, W. (2000). Critical inquiry in a

text-based environment: Computer conferencing in higher education. The Internet and Higher Education, 2(2), 87-105.

10   Charlotte N. Gunawardena &Frank J. Zittle (1997). Social presence as a predictor of satisfaction within a computer–mediated conferencing environment. American Journal of Distance Education. Volume 11, 1997 - Issue 3

11   Garrison, D. R., Anderson, T., & Archer, W. (2001). Critical thinking, cognitive presence, and computer conferencing in distance education. American Journal of distance education, 15(1), 7-23.

12   Craik,F.I.M., & Lockhart,R.S. (1972). Levels of processing: A framework for memory research. Journal of Verbal Learning and Verbal Behavior, 11, 671-684.

13   레나트 케인, 조프리 케인, 《뇌가 배우는 대로 가르치기》, 한국뇌기반교육 연구소, 2017.

14   Moore, M. G. (1989). Three types of interaction. American Journal of Distance Education, 3(2), 1-7. DOI:

15   Cindy Huggett, 《Virtual Training Tools and Templates: An Action Guide to Live Online Learning》, Association for Talent Development, 2017.

16   Darlene Christopher, 《The Successful Virtual Classroom: How to Design and Facilitate Interactive and Engaging Live Online Learning》, AMACOM, 2014.

17   Davis, F. D. 1989. Perceived usefulness, perceived ease of use, and user acceptance of information technology. MIS Quart. 13 319–339.

18   Yonnim. Lee & Ohbyung. Kwon (2011) Intimacy, familiarity and continuance intention: an extended expectation–confirmation model in web-based services, Electronic Commerce Research and Applications,

10342–10357.

19   Yonnim. Lee & Ohbyung. Kwon (2009) Gender Differences and Affective Factors in Continuance Intention of Web-Based Services, The Korea Society of Management information Systems, 417-424.

20   원더링 플립차트(Wandering Flip Chart)란 참여자들이 주제가 적힌 차트들을 돌아다니면서 아이디어를 제출/토의하는 기법입니다.

온라인 라이브 클래스

초판 1쇄 발행 2020년 8월 24일
초판 5쇄 발행 2022년 2월 22일

지은이 | 정강욱, 이연임
디자인 | 임희재, 최동인
출판 | 리얼러닝
주소 | 경기도 파주시 탄현면 고추잠자리길 60
전화 | 02 - 337 - 0324
이메일 | withrealwork@gmail.com

출판등록 | 제 406 - 2020 - 000085